Marcus Börner

Managing Happiness

*Für Nadja, Elfriede
und Walter*

Marcus Börner

Managing Happiness

Mit nur 20% Aufwand 80% glücklicher

REDLINE | VERLAG

Bibliografische Information der Deutschen Nationalbibliothek:
Die Deutsche Nationalbibliothek verzeichnet diese Publikation in der Deutschen Nationalbibliografie; detaillierte bibliografische Daten sind im Internet über **http://d-nb.de** abrufbar.

Für Fragen und Anregungen:
lektorat@redline-verlag.de

1. Auflage 2017

© 2017 by Redline Verlag, ein Imprint der Münchner Verlagsgruppe GmbH,
Nymphenburger Straße 86
D-80636 München
Tel.: 089 651285-0
Fax: 089 652096

Alle Rechte, insbesondere das Recht der Vervielfältigung und Verbreitung sowie der Übersetzung, vorbehalten. Kein Teil des Werkes darf in irgendeiner Form (durch Fotokopie, Mikrofilm oder ein anderes Verfahren) ohne schriftliche Genehmigung des Verlages reproduziert oder unter Verwendung elektronischer Systeme gespeichert, verarbeitet, vervielfältigt oder verbreitet werden.

Redaktion: Desireé Simeg, Stadtbergen
Satz: inpunkt[w]o, Haiger (www.inpunktwo.de)
Druck: GGP Media GmbH, Pößneck
Printed in Germany

ISBN Print 978-3-86881-664-8
ISBN E-Book (PDF) 978-3-86414-948-1
ISBN E-Book (EPUB, Mobi) 978-3-86414-947-4

Weitere Informationen zum Verlag finden Sie unter
www.redline-verlag.de
Beachten Sie auch unsere weiteren Verlage unter
www.m-vg.de

Inhalt

Vorwort 9

Warum ein Buch über Glück? 13
Glücklichsein als Lebensmaxime 17
Glücklicher werden mit dem Managing-
Happiness-Prozess 22

1. Glück 29
Das Wesen des Glücks 31
Glück ist ein Urteil über uns selbst 32
Zwei Formen von Glück 40
Programmierung und Glückspotenzial 46
Grenzen des Glücks 48
Wir sind verantwortlich für unser Glück 50

2. Weisheit 55

Vergänglichkeit 57

Aufmerksamkeit 60
    Programm im Kopfkino 64
    Begrenzte Aufmerksamkeitsspanne 69
    Physiologie der Aufmerksamkeit 72

Akzeptanz 74

Zeit 84

Flow 86

Erwartungen 90

3. Der Managing-Happiness-Prozess 97

Analyse 100
    Glücksdaten sammeln 101
    Glücksdaten analysieren 104
    Glückskonten erstellen 106
    Glückskonten interpretieren 108
    Prioritäten setzen 111
    Lebensziele 112

Strategie 115
    Strategie 1: Erwartungen verändern 116
    Strategie 2: Realität verändern 120
    Strategie 3: Konstellation verändern 123

Umsetzung **127**
   Veränderung geht vom Verstand aus 128
   Meditation 133
   Mut 136
   Ausreden 140

4. Glücklichmacher **143**

Selbstliebe **146**
   Mach dein Glück nicht abhängig von anderen 148
   Sei dankbar 149
   Mehr für andere ist nicht weniger für dich 150
   Versuche nicht perfekt zu sein 151
   Hör nicht auf zu lernen 153
   Kläre lieber, statt zu grübeln 153

Geliebt werden **154**
   Bring etwas mit zur Party! 155
   Sei interessiert 156
   Gönn dir eine Auszeit 157
   Sei verlässlich 157
   Nimm dir Zeit 158
   Sei proaktiv 159
   Urteile nicht, sondern verstehe 161
   Gönn deinen Mitmenschen ihr Glück 163
   Lerne zu nehmen 165
   Geh stets vom Guten aus – oder frag nach 166
   Sei ehrlich 168

Lass Schwäche zu und entschuldige dich für Fehler........ 171
Sei positiv 172

Schlusswort 173
Die Managing-Happiness-App................................ 174

Danksagung 177

Über den Autor 181

Vorwort

Lieber Leser,

auf deinem bisherigen Weg durchs Leben hast du vieles erlebt, erfahren und gelernt. Du hast großartige Momente gehabt, Feste und Erfolge gefeiert, hast gelacht, aber auch geweint. Wahrscheinlich bist du das eine oder andere Mal hingefallen – und wieder aufgestanden. Mal hast du aus tiefstem Herzen geliebt und voller Freude und Euphorie begehrt, mal warst du voller Kummer und Schmerz. Es gab Höhen und Tiefen, glückliche und unglückliche Momente. An einige dieser bedeutenden Erlebnisse kannst du dich sicher noch erinnern, als wären sie gestern gewesen: das erste Mal Schmetterlinge im Bauch, die erste große Liebe und der erste herzzerreißende Liebeskummer, das erste Mal Sex, die Geburt deines Kindes, dein erster Job, der Verlust eines dir eng verbundenen Menschen ... Womöglich rauschen diese und ähnliche Momente in Sekundenschnelle an deinem inneren Auge vorbei, während du diese Zeilen liest.

Zwischen diesen einschneidenden Momenten – Erinnerungen, die wir alle stets bewusst oder unbewusst in uns tragen – findet der Alltag statt. Wir gehen zur Arbeit, in die Schule oder anderen Verpflichtungen nach. Wir fahren Auto, Bahn oder Bus.

Wir essen, lesen, surfen im Internet oder schauen Fernsehen. Wir treffen unterschiedlichste Menschen, gehen einkaufen, wir tanzen, musizieren, machen Sport oder sitzen abends mit Freunden zusammen. Diese alltäglichen Verrichtungen bestimmen in erster Linie unser Leben, daher sollten wir ihnen ausreichend Aufmerksamkeit schenken und sie möglichst glücklich gestalten. Denn Fakt ist: Das Leben ist zu kurz, um es an uns vorbeiziehen zu lassen! Aus dem Bewusstsein über die eigene Endlichkeit sollte eine besondere Achtsamkeit entstehen. Wir sollten jeden Moment unseres Lebens besonders gestalten – die wenigen herausragenden ebenso wie die vielen scheinbar unbedeutenden.

Ich persönlich zwinge mich, regelmäßig über den Tod nachzudenken. Viele Menschen vermeiden das, weil sie dieser Gedanke bedrückt, ängstigt oder traurig macht. Mich hingegen motiviert er, denn er erinnert mich daran, dass mir nur eine begrenzte Zeitspanne zur Verfügung steht, um mein Leben zu leben. Für mich ist das Leben etwas überaus Kostbares. Ich will nicht eines Tages auf dem Sterbebett liegen und realisieren, dass ich es versäumt habe, glücklich zu werden mit dem, was ich über die Jahre erleben und erfahren durfte.

Mit meinem Streben nach Glück bin ich, wie ich in vielen Gesprächen mit Menschen aus den unterschiedlichsten Ländern erfahren habe, alles andere als allein. Egal welcher Kultur oder Religion wir angehören, woher wir kommen oder welche Hautfarbe wir haben – letztlich wollen Menschen ein glückliches

Leben führen. Allerdings habe ich festgestellt, dass Glück in seiner Ausgestaltung etwas sehr Persönliches ist: Das, was uns glücklich macht, ist individuell verschieden. Für den einen ist zum Beispiel die Familie das höchste Glück, für den anderen ein erfülltes Arbeitsleben. Auf die Frage, was uns im Leben glücklich macht, gibt es keine universelle Antwort. Jeder Mensch findet seine eigene Definition von Glück – die sich im Laufe seines Lebens durchaus verändern kann.

So unterschiedlich Menschen sind, im Kern sind sie doch irgendwie alle gleich. Und so ist es auch mit dem Glück: Es gibt eine übergeordnete Struktur, die Glück unabhängig von seiner individuellen Ausprägung ausmacht. Das Wissen und Verständnis darüber hilft uns, glücklicher zu sein und jene Kräfte in uns freizusetzen, die uns zufriedener machen. In *Managing Happiness* zeige ich dir, wie dies auch dir gelingen kann.

Im Januar 2017

Marcus Börner

Warum ein Buch über Glück?

Eine Frage, mit der mich viele meiner Mitmenschen konfrontiert haben, lautet: Warum schreibt ein Mann Ende zwanzig ein Buch über Glück? Zu Beginn ging es dabei – das gebe ich ehrlich zu – vor allen Dingen um mich. Doch im Laufe der Zeit kristallisierte sich immer stärker heraus, dass ich mit *Managing Happiness* anderen Menschen dabei behilflich sein möchte, glücklicher zu werden. Die Betonung liegt auf »glücklich*er*«, denn niemand kann rund um die Uhr glücklich sein. Und ich persönlich glaube auch nicht, dass es erstrebenswert wäre, dauerhaft und immer nur glücklich sein zu wollen. Erst aus dem Kontrast zwischen Glücklich- und Unglücklichsein kann meines Erachtens eine Wertschätzung für Glück und Zufriedenheit entstehen. Nichtsdestotrotz sollten wir das Unglück, also Schmerz, Leid und andere Probleme, auf ein Minimum reduzieren, wie ich finde.

Schon als Teenager war ich getrieben davon, Verantwortung für mein Leben zu übernehmen und es anzupacken. Auf Außenstehende wirkte ich meist unbeschwert, fühlte mich aber nicht immer so. Im Alter von 18 Jahren gründete ich zusammen mit einem Freund die Firma Rebuy. Während die meisten meiner Kumpels sich samstags im Schwimmbad tummelten und damit beschäftigt waren, Mädels aufzureißen und ihre »Arschbombe« vom Dreier zu perfektionieren, packte ich lieber Päckchen im Keller und verschickte gebrauchte Videospiele in die gesamte Bundesrepublik. Ich glaubte damals, dass das langfristig zu meinem persönlichen Glück beitragen würde. Ich wollte den anderen und mir selbst beweisen, was ich schaffen konnte. Ich wollte mir beweisen, dass ich mir Ziele setzen und auch erreichen konnte.

Natürlich lief auch bei mir – wie bei jedem anderen Menschen – weder beruflich noch privat immer alles nach Plan oder war erfolgreich; es gab genügend Misserfolge und harte Zeiten und ich habe rückblickend einige dämliche Dinge gemacht und falsche Entscheidungen getroffen. Wenn man das Spiel des Lebens spielt, kann man eben nicht nur gewinnen, sondern auch verlieren – sei es als Unternehmer, in der Liebe, in Partnerschaften oder all den anderen Dingen, die unser Leben ausmachen. Verlieren muss aber nicht unglücklich machen! Oft sind jene, die scheitern, glücklicher als jene, die aus Angst zu verlieren in Starre verfallen und gar nichts wagen. Und wie heißt es so schön: Wer nicht wagt, der nicht gewinnt!

Während meiner Abiturvorbereitungen erkrankte ich an Depressionen, fühlte mich extrem unglücklich und unzufrieden und verspürte sogar Todessehnsucht. Das traf mich damals besonders hart, weil ich mich inmitten eines Höhenflugs befunden hatte, voller jugendlicher Euphorie, Aktionismus und Optimismus. Vor meiner Depression hatte ich stets das Gefühl von

Kontrolle und Selbstbestimmtheit. Ich lebte in dem Glauben, dass das Leben und mein Lebensglück einzig und allein von mir selbst abhingen. Ich war überzeugt, um glücklich zu sein, bräuchte ich nur die richtige Einstellung und träfe dann automatisch die richtigen Entscheidungen. Diese schwärzeste Zeit in meinem Leben – und zugleich eine sehr wertvolle – lehrte mich viel über Glück: Ich erfuhr am eigenen Leib, wie schnell sich das Leben ändern kann und wie wenig wir selbst manchmal darauf Einfluss nehmen können.

Es gibt Menschen, die schwer erkranken, obwohl sie sehr gesundheitsbewusst leben. Es gibt unschuldige Menschen, die Opfer von Gewalt, Terror und Unterdrückung werden und dadurch großes Leid erfahren. Es gibt Liebesbeziehungen und Freundschaften, die zerbrechen, weil zu intakten Partnerschaften nun einmal zwei gehören. Es gibt junge Menschen, die Selbstmordgedanken quälen, obwohl sie von außen betrachtet alles im Leben haben, was man sich nur wünschen kann.

Unter dem Strich gibt es Menschen, die ihr Unglück als Anlass nehmen, ihre Kräfte zu mobilisieren, das Beste aus ihrer aktuellen Situation zu machen und für eine positive Veränderung zu sorgen – und es gibt diejenigen, die sich ihrem Schicksal ergeben, sich in der Opferrolle sehen und untätig bleiben. Meinem Naturell widerstrebt es, die Hände in den Schoß zu legen. Daher ist Glück zu meiner Lebensmaxime geworden. Ich habe den Wunsch, ein möglichst glückliches und zufriedenes Leben zu führen – und ich finde, Glück sollte unser aller Maxime werden.

Denn welchen Sinn hätte das Leben und alles, was wir täglich tun oder erreichen können, wenn uns nichts davon glücklich machte? Nach rund zehn Jahren Rebuy beschloss ich daher 2013, mich von den Verpflichtungen bei meiner Firma zu trennen und eine einjährige Weltreise zu machen. Ich wollte neue Kulturen kennenlernen und mich mit neuartigen Fragestellungen beschäftigen, für die mir bislang stets die Zeit gefehlt hatte. Diese Reise hat mich in verschiedenste, teils sehr abgelegene Länder geführt und mit völlig unterschiedlichen Menschen zusammengebracht. Menschen, mit denen ich mich über meine drei wichtigsten Fragen des Lebens austauschen konnte:

1. Was bedeutet Glück?

2. Was bedeutet Unglück?

3. Wie wird man möglichst glücklich?

Die Einblicke, die mir diese Menschen überall auf dem Globus in unseren Gesprächen gewährten, Erkenntnisse aus vielen inspirierenden Büchern und Schriften sowie rund 2.000 Notizen, die ich seit meiner Jugend zu diesem Thema gesammelt habe, habe ich in diesem Buch verarbeitet. Es ist ein schöner Gedanke, dass eines Tages – selbst wenn ich vielleicht schon gestorben sein sollte – jemand sagt: »*Managing Happiness* hat mir geholfen, ein wenig glücklicher zu werden.«

Werfen wir einen unverstellten Blick auf die Menschen um uns herum, fällt uns auf, dass sich Glück und eine einzige zu ihm hinführende Lebenskunst nicht so leicht festmachen lassen. Glück ist etwas sehr Individuelles, und weil das so ist, fokussiert sich *Managing Happiness* auf die Systematik für ein glücklicheres Leben und greift in Beispielen darauf zurück, was Glück für jeden Einzelnen bedeuten kann. Als Unternehmer habe ich mich mit Managementlehre auseinandergesetzt, die sich mit dem Erreichen von definierten Zielen beschäftigt. Das heißt, sie hilft Menschen dabei, ihre Ziele besser und vor allem möglichst effizient zu erreichen. Das Schöne und Hoffnungsvolle dabei ist, dass jeder Managementfähigkeiten erlernen kann. Da »größtmögliches Glück« auch eine Zielsetzung ist, lässt sich mit dem richtigen Management eine Verbesserung erzielen. So soll es in *Managing Happiness* vor allem um eine Systematik und Anleitung gehen, wie wir unser Glück besser managen können. Es geht darum, nicht zum Opfer unseres Schicksals zu werden, sondern zu handeln und das Beste aus unserem Leben zu machen. Und das Beste ist das, was uns und andere glücklicher macht.

Glücklichsein als Lebensmaxime

Mit Menschen über Glück zu reden, berührt einen sehr persönlichen Bereich, sind es doch nur wir selbst, die wissen, ob wir glücklich sind und was Glück für uns bedeutet. Einerseits ist Glück ein sehr abgenutzter Begriff, andererseits assoziieren wir damit einen vollkommenen Zustand, der vielen Menschen unerreichbar erscheint. Warum? Vielleicht weil sie gar nicht wissen, was Glück bedeutet oder was sie glücklich macht. Vielleicht weil ihre Realität und die Umstände, in denen sie leben, es nicht zulassen, dass sie glücklich sein können. Vielleicht weil sie Erwartungen an ihr Leben und sich selbst haben, die sie nicht erfüllen (können). Vielleicht weil ihnen nie jemand beigebracht hat, wie man glücklich werden kann.

Dass positive wie negative Gefühle stark von uns selbst abhängen, zeigte unter anderem der Psychologe und Philosoph Paul Watzlawick. Nach Watzlawick kommt dem Willen zum Glück eine bedeutende Rolle zu. Eine interessante Betrachtungsweise, die in der antiken Philosophie, im Buddhismus und in den modernen Neurowissenschaften ihresgleichen findet. Glücksgefühle sind demnach eine Folge richtiger Gedanken und Handlungen, die durch Wiederholungen und Gewohnheiten trainiert werden können. Auf dieser Feststellung baut auch *Managing Happiness* auf: Wir können lernen, glücklicher zu sein!

Was nützen uns Lebenspartner, Reichtum, Erfolge, Besitz, Anerkennung, Beruf, Kinder, Bildung oder Sex, wenn uns nichts davon zeitgleich auch glücklich machen würde? Alles, was wir erreichen können und wonach wir streben im Leben, sollte seinen Sinn dadurch erhalten, dass es uns und andere möglichst glücklich macht. Glücklichsein sollte fundamentaler Sinn unseres Lebens werden. Es sollte etwas sein, was wir als Kinder beigebracht bekommen, was wir im Laufe unseres Lebens üben und worauf wir ausreichend Aufmerksamkeit und Energie richten, ein Leben lang. Daher ist es so wichtig zu lernen, wie man möglichst glücklich wird und bleibt – oder etwas praktischer, aber auch nüchterner ausgedrückt: sein Glück zu managen.

Sicherlich würden viele zustimmen, dass es unser oberstes Ziel sein sollte, ein möglichst glückliches Leben zu leben. Doch allzu häufig fällt das Glücklichsein Dingen zum Opfer, die wir glauben erreichen oder erhalten zu müssen, oder dem, was andere von uns erwarten. Hierin liegt der Ursprung des Unglücks vieler Menschen. Sie verschieben das Glücklichsein auf später. Sie versuchen Entscheidungen zu treffen, mit denen sie voraussichtlich auf lange Sicht zufrieden sein werden, unter Berücksichtigung äußerer Umstände, die sie von ihrem Ziel abhalten könnten. Auf diese Weise organisieren sie ihr Privat- und Berufsleben und arbeiten auf eine glückliche Zukunft hin. Die Gefahr, die dabei oft übersehen wird, ist: Das Glücklichsein wird hinausgeschoben und rückt somit unter Umständen in unerreichbare Ferne. Doch das persönliche Glück sollte nichts und niemandem zum Opfer fallen!

Das Leben kann manchmal wie im Hamsterrad anmuten. Wir vergessen dann in unserem Eifer, alles Mögliche erreichen und erleben zu wollen, dass es auf ein klein wenig mehr ankommt. Nämlich innere Ruhe zu finden, zufrieden und glücklich zu sein. Doch Spiritualität, die eng verbunden ist mit unserem Glücksempfinden, findet heutzutage nur selten Raum in unserem von Hektik geprägten Alltag. Religion und Glaube – in vielen Kulturen das Fundament für Spiritualität und ein glückliches Leben – wirken auf viele Menschen veraltet oder befremdlich. Ihr Leben nach etwas auszurichten, von dem sie nicht wissen, ob es tatsächlich existiert, fällt vielen schlichtweg schwer. Sich in ein Gotteshaus zu setzen und eine unsichtbare Macht um Hilfe bei Problemen zu bitten, halten sie für absurd und ineffizient. Es fehlt zunehmend an zeitgemäßer Anleitung und Orientierung, was Glück im spirituellen Sinne bedeutet und wie wir es in unserer heutigen Welt erreichen können.

Wenn wir uns eine glücklichere Welt wünschen, dann liegt diesem Wunsch ein Streben zugrunde, das bei uns als Individuum anknüpft. Mit anderen Worten: Du, lieber Leser, sollst glücklich sein! Dein individuelles Wohlbefinden ist eine Grundvoraussetzung für eine insgesamt glücklichere Welt. Es liegt in deiner Verantwortung und es ist deine Entscheidung, glücklich zu sein. Gehen wir vorsichtshalber davon aus, dass wir nur dieses eine Leben haben – mit Gewissheit kann es schließlich keiner sagen. Es gilt also, aus diesem einen Leben das Bestmögliche zu machen und zu tun, was nötig ist, um möglichst glücklich zu leben.

Die gute Nachricht lautet: Ein glücklicheres Leben ist kein Zufallsprodukt. Glück ist etwas, was man sich aufbauen kann. Und wie mit allem, was man sich aufbauen kann, lohnt es sich, sich auch für ein glückliches Leben eine Systematik anzueignen. Wir gehen ja auch in die Fahrschule, um Autofahren zu lernen, und absolvieren ein Studium, um uns an einen Beruf heranzuführen. Um sein Leben glücklicher zu gestalten, sollte meiner Meinung nach jeder eine Strategie haben. Eine Strategie ist wie eine Art Schlachtplan, der aufzeigt, was man als Nächstes tun muss, um das Unglück zu beseitigen und glücklicher zu werden. Es gibt drei fundamentale Strategien, die uns helfen können, Unglück zu vermeiden bzw. mehr Glück herbeizuführen. Welche das sind, erfährst du in Kapitel 3.

Stell dir mal vor, du sollst einen komplizierten Schrank von Ikea ohne Anleitung aufbauen? Schon einmal versucht? Es dauert viel länger als mit einer Anleitung. Und wenn es überhaupt gelingt, dann meist mit schiefen Türen. Ein glückliches Leben aufzubauen ähnelt dem Aufbau eines komplizierten Ikea-Schranks. Wer ohne Anleitung aufzubauen versucht, ist quasi bescheuert und verschwendet viel Zeit, und riskiert dabei zu scheitern oder noch vor Fertigstellung wieder aufzugeben. Wer zudem zusätzliches Werkzeug – nichts geht über einen Akkuschrauber beim Aufbau von Ikea-Schränken – einsetzt, kommt nicht nur viel schneller zum Ziel, sondern der Schrank ist am Ende auch gerade. Es geht viel einfacher und schneller als ohne Anleitung. Genauso verhält es sich auch mit dem Glück: Durch den Einsatz von Managementmethoden und das Erlernen einer Systematik für ein glücklicheres Leben, die wir in den unterschiedlichsten Lebenssituationen abrufen können, wird es uns auf lange Sicht leichter fallen, ein glücklicheres und zufriedeneres Leben zu führen. Modelle und Anleitungen helfen uns dabei, komplexe Dinge mittels einer Systematik effizienter und wirksamer zu lösen oder zu verändern. Ohne professionelle Ausbildung könnte niemand ein Flugzeug fliegen. Ein trainierter und erfahrener

Pilot weiß, wie sein Flugzeug funktioniert, hat viele Stunden im Flugsimulator geübt und zudem eine Betriebsanleitung zum Nachschlagen. Er hat über die Jahre seiner Ausbildung und Praxis die Systematik des Fliegens verinnerlicht, er kennt die Technik in- und auswendig. Gleichzeitig muss er aber auch äußere Umstände im Auge behalten, etwa die Wetterbedingungen und wie diese sich auf die Maschine, die er fliegt, auswirken. So ist es auch mit einem glücklichen Leben: Wenn wir nicht wissen, was Glück für uns bedeutet und wie wir ein glücklicheres Leben führen können, und auch keine Systematik dafür haben, dann ist die Bruchlandung quasi programmiert.

Ist es nicht verrückt, dass wir uns etliche Jahre mit unserer Berufsausbildung beschäftigen und Unmengen an Wissen und Praxiserfahrung anhäufen, um gut in unserem Beruf zu werden, in der Regel aber wenig darin investieren, uns selbst besser zu verstehen und ein glücklicheres Leben zu führen? Wir müssen zu unseren eigenen Glücksmanagern werden!

Glücklicher werden mit dem Managing-Happiness-Prozess

Wirkungsvolles Management fängt immer mit Zielen an. Wir müssen Dinge festlegen, die wir erreichen wollen, und wir müssen uns bewusst sein, welche Bedeutung diese Dinge für uns erhalten sollen. Da es in diesem Buch um ein glücklicheres Leben geht, legen wir jetzt gemeinsam fest, dass wir ein glückliches

Leben führen wollen, weil genau das unser Leben lebenswert macht. Es geht nicht um mehr Reichtum, nicht um möglichst viele Erlebnisse, nicht um sozialen Status, sondern Glücklichsein ist unser oberstes Ziel. Von dieser Zielformulierung ausgehend, strukturiert sich *Managing Happiness*. Anhand der folgenden Systematik möchte ich dir kurz meine Herangehensweise erklären.

Wir haben eben festgelegt, dass wir ein glücklicheres Leben als erstrebenswert empfinden. Was bedeutet es aber, ein glücklicheres Leben zu führen? Woran machen wir das fest? Woher wissen wir überhaupt, dass wir glücklich sind? Was heißt in diesem Zusammenhang Glück? Viele Fragen, auf die ich in den ersten beiden Kapiteln genauer eingehen werde. Ein einfacher Ansatz, dem viele Menschen folgen, lautet: Glücklichsein bedeutet in erster Linie nicht unglücklich zu sein. Doch auch dieser wirft viele Fragen auf: Was kennzeichnet positive und negative Emotionen? An welche Bedingungen sind sie geknüpft? Und wie kann man seinen eigenen Glückspegel ganz konkret steigern? Diese Fragen stellt sich die Positive Psychologie – und sie sollten auch in unserem Leben eine Rolle spielen.

Wir müssen einen Weg finden, um zu erkennen, was uns unglücklich macht. Dazu gibt es einen systematischen Ansatz, der sich Reflexion nennt. Anstatt unsere Zeit beim Internetsurfen oder auf Social Media zu vergeuden oder TV-Trash zu schauen, sollten wir uns ab und an Zeit nehmen, um über uns, unser Leben und Dinge, die uns glücklich oder unglücklich machen, nachzudenken. Damit fängt alles an. Nur wenn wir nichts verdrängen oder ausblenden, können wir auf jene Dinge aufmerksam werden in unserem Leben, die es zu verändern gilt, damit wir in der Folge glücklicher werden können.

Wir müssen den Themen Glück und Unglück mehr Aufmerksamkeit schenken. Dazu müssen wir unsere Angst vor der Reflexion – oder auch unsere Faulheit – ablegen. Denn Hand aufs Herz: Jeder ist unglücklich oder unzufrieden mit gewissen Umständen und Situationen in seinem Leben. Die Erkenntnis, dass uns etwas unglücklich macht und wir daran etwas verändern sollten, ist ein erster Schritt in die richtige Richtung. Zwar reicht Reflexion allein nicht aus, um glücklicher zu werden, aber sie ist der Beginn jeder positiven Veränderung. Sie setzt gewissermaßen Zwischenziele und definiert Bereiche, in denen wir eine Veränderung herbeiführen sollten. Und um dies tun zu können, brauchen wir folgende Strategien, die das Grundgerüst des Managing-Happiness-Prozesses bilden (mehr dazu in Kapitel 3):

> Akzeptiere die Realität und ändere deine Erwartungen.

> Akzeptiere deine Erwartungen und ändere die Realität.

> Akzeptiere die Realität und deine Erwartungen, aber ändere die Konstellation.

Unglücklich sind wir, wenn sich unsere Erwartungen nicht mit unserer Realität decken, mit anderen Worten wenn wir etwas vom Leben wollen, was wir nicht haben, nicht bekommen oder einfach nicht sehen. Das wirkt sich negativ auf unser allgemeines Wohlbefinden aus. Um ein glücklicheres Leben zu führen, müssen wir also lernen, unser Leben zielgerichtet zu verändern. Nur so kann ein unglücklicher Zustand in einen glücklichen transformiert werden. Wie das geht? Indem wir unsere Erwartungen, die Realität oder die Konstellationen verändern.

Es sollte eines unserer wesentlichen Ziele sein, Situationen zu vermeiden, in denen sich unsere Erwartungen nicht mit der Wirklichkeit in Einklang bringen lassen. Das heißt auch, dass wir dafür sorgen müssen, das zu bekommen, was wir uns vom Leben wünschen, und uns nur das zu wünschen, was wir im Leben auch haben und bekommen können. Managing Happiness bedeutet also im Wesentlichen zu lernen, Diskrepanzen zwischen den eigenen Erwartungen und der Realität beziehungsweise den Umständen zu beseitigen, indem wir anfangen, Dinge zu verändern, zu akzeptieren oder anders zu empfinden. Veränderung braucht aber Einsicht, Entschlossenheit, eine gewisse Disziplin und vor allem Mut, sie umzusetzen. »Die Mutigen werden belohnt«, lautet ein Sprichwort – und was gibt es Wichtigeres im Leben, als individuelles Glück zu erfahren und zu steigern? Also, hab Mut zur Veränderung!

Der abgebildete Managing-Happiness-Prozess für glücklicheres Leben ist im Grunde recht einfach und wir werden im Laufe des Buchs die einzelnen Aspekte genauer beleuchten. Einmal verinnerlicht, wird dir dieser Managementprozess in vielen Lebenssituationen helfen, die richtige Strategie auszuwählen und angemessene Maßnahmen zu entwickeln, um glücklicher zu werden.

Um den Managing-Happiness-Prozess in unserem Leben zu implementieren, brauchen wir eine Art theoretischen Unterbau. Das klingt trockener, als es ist. Der Unterbau – unterteilt in »Glück« und »Weisheit« (Kapitel 1 und 2) – soll dir helfen, die Bedeutung des Ganzen besser zu verstehen. Es geht darum, was Glück ist, warum wir so sehr danach streben und warum wir immer wieder daran scheitern, glücklicher zu sein. Zudem sollst du mit diesem Wissen schneller erkennen, was dich unglücklich macht und welche der bereits kurz angerissenen Strategien die (situativ) beste und effizienteste für dich ist.

1. Glück

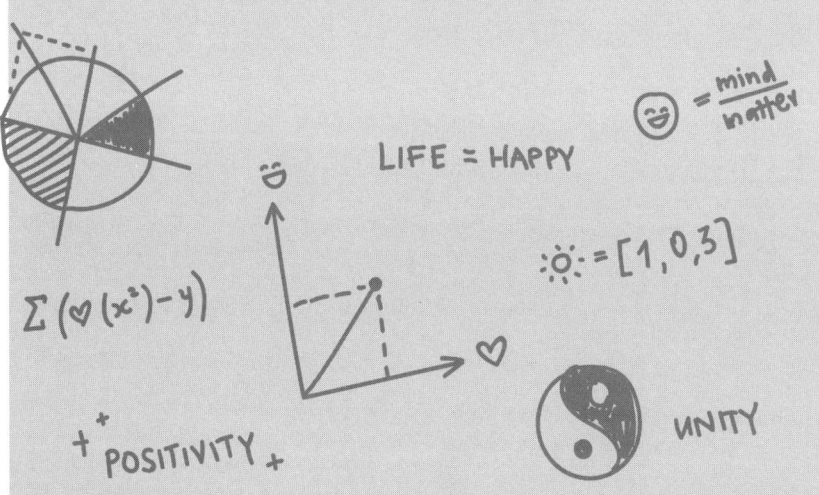

Das Wesen des Glücks

Als ich während meiner Weltreise mit Menschen über Glück sprach, fiel mir auf, dass viele von ihnen den Glücksbegriff mit Zufall in Verbindung brachten. Diese Form von Glück beschreibt etwas, was nicht greifbar ist, weil es in einem Moment auftaucht und im nächsten bereits wieder verschwunden sein kann. Doch ein glücklicheres Leben ist kein Zufallsprodukt. Ohne Zweifel gibt es Zufälle, und diese können von äußerst glücklicher Natur sein. Mir geht es aber um das Glück, das unser Leben mit Zufriedenheit erfüllt und uns zu besseren, positiveren Menschen macht. Wie Tucholsky in seinem Roman *Schloss Gripsholm* schrieb: »Kurzes Glück kann jeder.«

Der Frage »Was ist Glück?« sind unzählige Menschen nachgegangen. Doch was genau heißt Glück?

Die individuelle Dimension von Glück fällt schwer ins Gewicht, wenn wir über Glück reden – egal in welchem Kontext. Jeden Menschen macht etwas anderes glücklich, vieles davon ist – wie bereits erwähnt – Ansichtssache und sehr persönlich.

Unsere persönlichen Erwartungen an unsere Lebensrealität bestimmen, was Glück für uns bedeutet – und das muss jeder für sich selbst herausfinden. Es geht darum, unsere Stärken und Schwächen, Vorlieben und Neigungen zu kennen, und darum, die richtigen Erwartungen zu setzen beziehungsweise sie anzupassen, wenn es die Realität oder die aktuelle Konstellation erfordert. All das fängt mit Reflexion und Selbsterforschung an.

Glück ist ein Urteil über uns selbst

Wer sich einmal mit dem Thema »Glück« intensiver beschäftigt hat, weiß, wie viele Erklärungsversuche es gibt. Aus meiner Sicht lautet die Antwort auf die Frage, was Glück ist: Glück ist ein Urteil über uns selbst – und über unser Gefühl, ob sich unsere selbst zu verantwortenden Erwartungen mit unserer selbst zu verantwortenden Wahrnehmung der Realität decken. Es geht also darum, was wir über unsere Erwartungshaltung wissen und wie wir unsere Realität wahrnehmen. Mit »wahrnehmen« meine ich: Schauen wir eher auf die guten oder eher auf die schlechten Seiten des Lebens und unserer Situation? Manche Menschen sind Meister darin, ihre Realität – ich nenne es Mal »vorteilhaft« – wahrzunehmen. Das heißt, ihre Lebenssituation kann sehr schlecht sein, aber sie reden sich erfolgreich ein, dass doch alles gar nicht so schlimm sei. An diesem Verhalten ist im Grunde nichts verkehrt, es kann sogar sehr gesund sein und zum Glück beitragen, weil diese Menschen dadurch die Realität im Sinne ihrer Erwartungen positiv entschlüsseln.

Glück ist ein subjektives und individuelles Urteil, das jeder Einzelne für sich fällen muss. Kein Außenstehender kann sagen, ob wir glücklich sind oder unglücklich. Denn niemand außer uns selbst kennt unsere wahren Erwartungen und weiß, wie wir die Realität wahrnehmen. Der Mensch ist ein komplexes, vielseitiges und in so hohem Maße individuelles Wesen, dass es uns niemals möglich sein wird, Gefühle, Urteile und Erwartungen von Menschen objektiv vorherzusehen oder zu betrachten. Es ist auch unmöglich, einen Katalog zu erstellen, wie diese Gefühle, Urteile oder Erwartungen sein oder was sie beinhalten sollten, damit wir von einem möglichst glücklichen Menschen sprechen können. Wir können uns lediglich Faktoren anschauen, die Glück – und das ist wissenschaftlich bestätigt – beeinflussen. Doch dazu später mehr in Kapitel 4.

Aber was genau bewerten wir mit unserem Urteil? Ein Gefühl? Sicherlich! Unsere Lebensumstände? Sicherlich auch! Aber eben noch mehr als das. Wenn wir im Sinne eines Modells abstrakt und möglichst universell definieren möchten, worüber wir in Sachen Glück ein Urteil fällen, dann lautet die Antwort: Glück ist ein Maß, das offenlegt, inwieweit es eine Übereinstimmung zwischen unseren Erwartungen (Wünschen) und unserer Realität gibt. Unser Glücksempfinden zeigt demnach die Erfüllung unserer Wünsche und unserer Bestrebungen an. Das klingt unglaublich simpel, und das ist es im Grunde auch.

Deutlicher wird es, wenn wir uns anschauen, was uns alles unglücklich macht. Unglücklich sind wir zum Beispiel, wenn wir uns einen Lebenspartner wünschen und diesen nicht finden. Wir wollen erfolgreich sein, aber zeigen kein Bestreben aufzusteigen. Wir wünschen uns ein Eigenheim, stecken unser ganzes

Geld aber in die überteuerte Miete. Wir wollen in den Urlaub fahren, schieben aber immer wieder Stress und fehlende Zeit als Ausrede vor. Wir wollen unsere Freunde um uns herum haben, sind aber ans andere Ende der Welt gezogen, um uns beruflich herauszufordern.

Was alle diese Beispiele gemeinsam haben, ist, dass unsere selbst aufgestellten Erwartungen an das Leben nicht erfüllt werden. Die Realität stimmt nicht mit unseren Wünschen und aktuellen Bedürfnissen überein. Das bedeutet hausgemachtes Unglück.

Und in diesem Sinne bedeutet Glück, wenn wir uns Liebe wünschen und geliebt werden; wenn wir auf eine SMS unseres aktuellen Lovers warten und sie endlich ankommt; wenn wir uns einen Partner wünschen und abends mit ihm einschlafen; wenn wir uns auf eine neue Begegnung freuen und diese eintritt; wenn wir schön sein wollen und es schaffen, uns selbst mehr zu mögen; wenn wir den Pokal gewinnen möchten und das auch tun; wenn wir eine Band lieben und sie live sehen wollen und plötzlich im Konzertsaal stehen und wie verrückt zur Musik tanzen; und wenn wir einem Menschen ein Lächeln ins Gesicht zaubern möchten und es uns gelingt.

Glück lässt sich auf folgende vereinfachte Formel verdichten:

$$\text{GLÜCK} = \text{REALITÄT} \geq \text{ERWARTUNG}$$

Das bedeutet: Glück ist die Übereinstimmung von Erwartung und Realität beziehungsweise das Übertreffen unserer Erwartungen in der Realität. Um glücklicher zu sein, müssen wir an unseren Erwartungen arbeiten – was meist mit Umdenken einhergeht – an der Realität oder an der Konstellation. Alle drei sollten wir beherrschen, denn so können wir unseres eigenen Glückes Schmied werden und ausprobieren, welche Strategie situativ am besten funktioniert oder sie sogar kombinieren.

Doch die Realität lässt sich nicht immer ändern. Ein Beispiel: Wenn wir unglücklich sind in unserer Beziehung aufgrund des Verhaltens unseres Partners, dieser sich aber nicht ändern will oder kann, und wir die Beziehung nicht aufgeben wollen (in dem Fall würden wir die Konstellation ändern), ist es am besten, unsere Erwartungen an unseren Partner anzupassen, auf diese Weise Wunsch und Realität auf einen Nenner zu bringen und damit glücklich zu sein. Wir müssen in dem Fall einfach aufhören, den Partner verändern zu wollen, sondern ihn so akzeptieren, wie er ist.

Genau: Es geht hier wieder um die drei Strategien, um ein glücklicheres Leben zu führen. Es ist die Frage, ob wir einfach zu viel wollen vom Leben oder nicht genug dafür machen. Es ist die Frage, ob wir akzeptieren können, dass unser Partner so ist, wie er ist, oder ob wir versuchen sollten, ihn nach unserem Wunsch zu verändern. Es ist die Frage, ob wir zu ungeduldig sind oder die anderen zu langsam sind. Es ist die Frage, ob wir auf der Karriereleiter noch zehn Stufen aufsteigen möchten oder zufrieden sind mit dem, was wir bereits erreicht haben. Es ist die Frage, ob wir unserem Mitbewohner endlich beibringen, seine verschmutzten Töpfe abzuspülen, oder akzeptieren, dass er ein anderes Ordnungsempfinden hat als wir.

In jeder Situation können wir uns entscheiden, entweder unsere Erwartungen anzupassen oder die Realität beziehungsweise die Konstellation zu verändern, um eine Übereinstimmung zwischen beiden zu erzielen und damit zu unserem Glücksempfinden beizutragen. Wir können also unsere Erwartungen an unseren Mitbewohner verändern, indem wir versuchen zu akzeptieren, dass er anders ist als wir, und mit einem Schmunzeln über seine Andersartigkeit den schmutzigen Topf selbst abspülen. Wir können aber auch versuchen, die Realität zu ändern und ihm beizubringen, sein schmutziges Geschirr gefälligst abzuspülen. Wenn uns das gelingt, können wir uns darüber freuen, dass wir unseren Mitbewohner erfolgreich zu einem ordentlicheren Menschen erzogen haben. Falls uns das nicht gelingt oder wir unsere Erwartungen nicht anpassen können, hilft nur noch, dass wir aus der Wohngemeinschaft ausziehen oder uns einen neuen Mitbewohner suchen. Alle Wege zum Glück funktionieren, das kann ich aus eigener Erfahrung und Beobachtung berichten. Welches der richtige ist, ist die viel schwierigere Frage! Am Ende ist entscheidend, dass wir die drei Strategien gleichermaßen beherrschen. Wir müssen in der Lage sein, die Realität oder die Konstellation zu verändern, aber noch viel wichtiger ist es, unsere Erwartungen anpassen zu können. Lernen wir, unsere Erwartungen an die Realität anzupassen, dann lernen wir, unser individuelles Glück selbst in die Hand zu nehmen.

Unser Denken und unsere Einstellung zu beeinflussen, ist die größte Freiheit, die wir Menschen besitzen. Es gibt sicher Philosophen und Wissenschaftler, die jetzt die Hände über dem Kopf zusammenschlagen und sagen, dass auch unser Denken nicht frei sei, sondern nur eine kausale Folge aller vorherigen Ereignisse. Da ist sicherlich etwas dran. Aber hilft uns diese Ansicht, um glücklicher zu sein? Und was haben die Evangelisten eines unfreien Geistes dem einfachen, evidenten und sich gut anfühlenden Fakt entgegenzusetzen, dass wir gerade in diesem Moment selbst entscheiden können, was wir denken möchten?

Probieren wir es mal: Entscheide, ob du jetzt lieber an Sex denken möchtest oder daran, deine Wäsche zu bügeln. Na, woran hast du gerade gedacht? Ich verrate nicht, wofür ich mich entschieden habe, aber ich kann dir versichern, dass es meine freie Entscheidung war. Wechsel mal die Gedanken hin und her. Du wirst merken, dass du darüber frei entscheiden kannst.

Dass wir unsere Gedanken und unser Verhalten steuern können, trifft auch auf unser Glücksempfinden zu. In jeder erdenklichen Situation können wir uns entscheiden, entweder unsere Erwartungen anzupassen oder die Realität und Konstellation zu verändern. Wir können somit zu unserem Empfinden von Glück beitragen und unser persönliches Urteil darüber beeinflussen. Das heißt, wir können entscheiden, ob wir unseren Partner so akzeptieren, wie er ist, oder ob wir versuchen, ihn zu verändern. Wir können entscheiden, ob wir unserem Mitbewohner beibringen wollen, die schmutzigen Töpfe gleich nach dem

Kochen abzuwaschen, oder ob wir akzeptieren, dass er ein anderes Ordnungsempfinden hat als wir. Keiner kann uns davon abhalten, außer wir selbst. Wir haben grundsätzlich die Wahl, unsere Gedanken und Erwartungen zu steuern und an die gegebenen Umstände anzupassen – und das verleiht uns Kraft und legt es in unsere eigene und persönliche Verantwortung, glücklich zu sein. Wenn wir unglücklich sind, dann mag das an der Realität liegen, aber eben gleichsam auch an unserer Unfähigkeit, unsere Erwartungen anzupassen, die Realität anders wahrzunehmen oder unsere Gedanken zu steuern.

Uns unserer Eigenverantwortung, ein glücklicherer Mensch zu sein, bewusst zu werden und diese anzuerkennen, ist fundamental für eine positive Veränderung. Sobald wir aufhören, uns als Opfer der Realität zu fühlen, die wir nicht beeinflussen können, und stattdessen erkennen, dass es immer eine Option zum Glücklichersein gibt, die in uns selbst liegt, entstehen Motivation und Verantwortung. Wir selbst haben es in der Hand, unsere Gedanken, unsere Wahrnehmung und damit auch unsere Erwartungen anzupassen und zu managen, wenn die Realität mal nicht so ist, wie wir sie uns wünschen.

Um noch ein kleines bisschen länger auf einem der genannten Beispiele herumzureiten: Klar, wir können weiterhin wütend und unglücklich sein, weil der Mitbewohner nicht das tut, was wir von ihm erwarten. Das ändert aber nichts. Was würde eine Änderung herbeiführen?

> Wir könnten einerseits unsere Erwartungen an ihn und unsere Einstellung ihm gegenüber verändern, indem wir zu verstehen und zu akzeptieren versuchen, dass er anders ist als wir. Dann kümmern wir uns eben selbst um den Abwasch und konzentrieren uns auf seine guten Seiten.

> Andererseits könnten wir die Realität verändern, was uns aber mehr Energie kostet, und unseren Mitbewohner umerziehen – oder es zumindest versuchen. Wir könnten mit Nachdruck verlangen, dass er sich um den Abwasch kümmert. Gelingt uns das dauerhaft, können wir uns über sauberes Geschirr freuen und darüber, dass wir ihn zu einem ordentlicheren Menschen gemacht haben.

> Die dritte Möglichkeit wäre, die Konstellation zu verändern, das heißt, selbst auszuziehen oder dem Mitbewohner nahezulegen, sich eine neue Bleibe zu suchen.

Wir haben also drei fundamentale Handlungsoptionen:

1. Akzeptiere die Realität und ändere deine Erwartungen.

2. Akzeptiere deine Erwartungen und ändere die Realität.

3. Akzeptiere die Realität und die Erwartungen, aber ändere die Konstellation.

Alle drei Möglichkeiten funktionieren und haben Potenzial, unser Glücksempfinden zu steigern und uns glücklicher zu machen, und das in jeder erdenklichen Situation im Leben. Welche Herangehensweise die richtige ist, hängt von der jeweiligen Situation und Person ab. Wichtig ist, dass wir jede der drei Möglichkeiten verstehen und beherrschen und sie im Alltag situationsbezogen anwenden können.

Zwei Formen von Glück

Glück ist ein äußerst unscharfer Begriff. Um meine Betrachtungen zum Glück etwas klarer zu strukturieren, möchte ich zwei wesentliche Formen von Glück unterscheiden: *situatives Glück* und *bilanzierendes Glück*. Beide sind Urteile über uns selbst, allerdings gibt es einen signifikanten Unterschied: Situatives Glück ist von kurzer Dauer, bilanzierendes Glück beschreibt einen dauerhaften Zustand.

Wenn wir einen relativ kurzen Glücksmoment erleben, zum Beispiel ein tolles Essen, eine lustige Situation, intensiven Sex, den Zauber einer neuen Begegnung, einen schönen Sonnenuntergang, ein Erlebnis mit Freunden oder die erfolgreiche Erledigung einer wichtigen Aufgabe, der sozusagen in einem Wimpernschlag an uns vorüberzieht, handelt es sich um situatives oder momentanes Glück. Es kann auch während einer Tätigkeit wie Schreiben, Werken oder Malen entstehen. In der Psychologie spricht man auch vom Flow, einem Zustand, in dem wir uns voll auf eine Tätigkeit einlassen, völlig konzentriert, vertieft oder auch versunken sind. Doch dazu später mehr in Kapitel 2.

Situatives Glück ist immer die Empfindung eines Moments, den wir als die Realität und als das Jetzt beschreiben würden. Wir fühlen es manchmal nur für Sekunden; im Flow kann es aber auch mehrere Stunden andauern. Situatives Glück ist in seiner Beschaffenheit fragil, sprunghaft und damit auch schnell vergänglich und stimmungsabhängig. Ein eingeklemmter Finger oder herabfallender Vogelmist kann unser situatives Glück schon mal in Sekundenschnelle verändern.

Wenn wir jemanden fragen: »Bist du glücklich?«, dann bezieht die Person diese Frage in der Regel konkret auf ihre aktuelle Situation und bildet daraufhin ein Urteil.

Ich möchte ein Beispiel konstruieren. Stellen wir uns Max, 35 Jahre, vor. Seine Frau hat ihn gerade verlassen und die beiden gemeinsamen Kinder mitgenommen. Der Grund: Max ist fremdgegangen. Zudem hasst Max seinen Job, weil sein Chef unerträglich ist und ihn die täglichen Aufgaben unterfordern. Hinzu kommt, dass Max in letzter Zeit stark zugenommen hat und sich überhaupt nicht mehr wohlfühlt in seiner Haut. Weil Max auch seinen Freunden gegenüber in den letzten Jahren nicht ehrlich war, haben sich viele von ihm abgewandt. Seit das mit seiner Frau herausgekommen ist, hat ihm auch seine einzige Schwester den Rücken gekehrt. Treue ist ihre oberste Maxime.

Es ist schwer zu übersehen: Max' Realität steht absolut nicht im Einklang mit seinen Erwartungen und Wünschen. Auf gut Deutsch: Max steckt ganz schön in der Krise und ist grundsätzlich unglücklich mit seinem Leben.

Eines Tages, um 12:32 Uhr, klingelt sein Handy. Max nimmt ab und hört seinen fünfjährigen Sohn. Der kleine Anton fragt seinen Papa, wie es ihm gehe, und sagt ihm, dass er ihn liebhat und vermisst. Anton sagt auch, dass er nicht böse auf ihn ist, obwohl es alle anderen sind. Max ist gerührt, Freudentränen schießen ihm in die Augen. Wenn wir Max genau in diesem Moment fragen würden, ob er glücklich sei, dann würde er dies mit voller Überzeugung bestätigen. Er ist glücklich an diesem Tag, um 12:32 Uhr, als Anton ihn anruft. Er ist situativ glücklich. Wenn wir Max nun aber fragten, ob er eine allgemein glückliche Person sei und ein glückliches Leben führe, würde die Antwort wohl anders ausfallen. Denn nun geht es um bilanzierendes Glück.

Glück kann also auch ein dauerhaftes Gefühl beschreiben, zum Beispiel wenn wir mit unserem Leben zufrieden sind oder viele Glücksmomente in Folge erleben. Dazu zählen etwa eine erfüllende Partnerschaft, ein intaktes Familienleben, das Gefühl, den richtigen Beruf zu haben, oder Selbstliebe – übrigens etwas, was wir oftmals unterschätzen und worauf ich in Kapitel 4 noch genauer eingehen werde. Wenn Glück von Dauer ist, sprechen wir von bilanzierendem Glück, sozusagen die Summe aus situativem Glück, eine Art Addition vieler Glücksmomente.

Bilanzierendes Glück ändert sich selten von einem Moment zum nächsten, sondern beschreibt Zustände, die sich durch Beständigkeit auszeichnen. Einer erfüllenden Arbeit nachzugehen, einen passenden Partner zu finden oder gute Freunde zu haben sind Dinge, die sich nicht so einfach von einer Minute auf die andere verändern. Klar gibt es Ausnahmen wie Tod, Katastrophen und andere schwere Schicksalsschläge.

Bilanzierendes Lebensglück ist weniger abhängig von einzelnen Momenten oder unserer situativen Stimmung, da es als Summe vieler Glückmomente zu verstehen ist. Wir fühlen es weniger mit unseren Sinnen und Emotionen, sondern vielmehr mit unserem Verstand. Wir urteilen darüber analytisch und weniger aus der Intuition heraus. Wir nutzen verschiedene Kriterien, um es zu beurteilen. Wir vergleichen auf systematische Weise unsere Erwartungen mit der Realität. Das könnte dann so klingen: »Ja, ich bin sehr glücklich mit meinem Partner, auch wenn wir in einigen Punkten einfach nicht zueinander passen.«

Wir müssen eher darüber nachdenken, um bilanzierendes Glück in seinem Ausmaß zu verstehen. Situatives Glück hingegen kann aus der Intuition heraus beschrieben werden und ist deutlich gefühlsbetont. Der Grund, warum wir bilanzierendes Glück meist nicht intuitiv bewerten können, ist, dass diese Bewertung vielmehr einem summarischen Vorgang, wie wir ihn aus der Buchhaltung kennen, gleicht. Wir müssen ganz viele Buchungen, in unserem Fall ganz viele Glücksmomente und Ereignisse in unserem Leben, zusammenrechnen und dafür einen

Kontostand ermitteln. Darauf baut meine Herangehensweise an ein möglichst glückliches Leben auf. Denn eine Bilanz zu ziehen hinsichtlich dessen, was in unserem Leben passiert, heißt auch sich darüber bewusst zu werden und zu reflektieren, wo wir gerade stehen.

Anders als situatives Glück, das von Moment zu Moment bewertet wird, und dabei grundsätzlich unabhängig von vorherigen Momenten ist, ist grundsätzliches Lebensglück eine Art Kontoführung und damit »rechenintensiv« für unser Gehirn. Wir können Glückskonten für unterschiedliche Lebensbereiche anlegen, wie zum Beispiel Arbeit, Partner oder Freunde, und verbuchen darin unsere situativen Glücks- und auch Unglücksmomente. Auf diese Weise führen wir eine Art Buchhaltung über unser Glück. Der Kontostand gibt Auskunft darüber, wie glücklich wir grundsätzlich in dem betrachteten Lebensbereich sind. Mehr dazu dann in Kapitel 3.

Bilanzierendes Glück kann also als Summe unseres situativen Glücks für einen speziellen Lebensbereich angesehen werden. Alle Buchungen innerhalb einer festgelegten Periode bilden dabei eine Summe beziehungsweise den Kontostand. Wichtige Entscheidungen und Veränderungen sollten wir also in Anbetracht der Bilanzierung einer langen Periode treffen, sonst laufen wir Gefahr, nicht alles Notwendige einzubeziehen, was für diese Entscheidungsfindung wichtig wäre. Sich von seinem Partner zu trennen, nur weil man sich heute morgen wegen einer Kleinigkeit über ihn geärgert oder sich gestritten hat, gleicht einer Kurzschlusshandlung. Besser ist es, sich auch an die letzte Zeit zu erinnern, an Erlebnisse wie den guten Sex vom Vortag, den schönen Urlaub vor zwei Wochen oder die Rückendeckung bei der letztjährigen Lebenskrise.

Diese Differenzierung der beiden Formen von Glück ist bedeutend. Geht es darum, gewisse situative Vorkommnisse zu verbessern, oder haben wir tiefgreifendere Probleme, welche wir verbessern möchten?

Eine saubere Buchhaltung zu führen und nicht nur auf situatives Glück fokussiert zu sein, ist essenziell für langfristiges Lebensglück. Schlechte Buchhaltung führt mitunter zu falschen und somit zu vorschnellen Urteilen und Maßnahmen. Denn manchmal glauben wir, unglücklich zu sein, obwohl unser Kontostand bei richtiger Buchhaltung etwas völlig anderes sagen würde. Wir sehen dann den Wald vor lauter Bäumen nicht und eine Korrektur der Buchungen wäre genau das Richtige. Das klingt nach einem harten Stück Arbeit.

Das Verhalten und die Denkmuster, welche situatives Glück begünstigen, müssen gelernt und geübt werden, genauso wie eine saubere, darauf aufbauende Buchhaltung, um festzustellen, ob wir grundsätzlich glücklich sind. Führen wir keine oder eine schlechte Buchhaltung über unser Glück, kann dies zu falschen Urteilen und damit auch zu falschen Entscheidungen im Hinblick auf unser Lebensglück führen. Eine Buchhaltung kann uns zudem dabei helfen, die Erkenntnis zu gewinnen, dass wir ggf.

an einer Depression oder an einem Burn-out leiden. Wenn unsere Konten alle positiv sind, wir aber uns dennoch unglücklich fühlen, mag dies körperliche Gründe haben. Es empfiehlt sich dann einen Arzt aufzusuchen.

Programmierung und Glückspotenzial

Unser Gehirn ist ein neuronales Netz. Die Konstellation der Verknüpfungen innerhalb dieses Netzes und die Impulse, die wir empfangen, bestimmen unser Denken und Handeln. Wollen wir eine Veränderung in unserem Denken und Handeln herbeiführen, müssen wir diese Schaltungen von Neuronen und Konstellation von Netzen in unserem Gehirn verändern, trainieren oder neu programmieren. Je öfter wir uns mit einer Sache bewusst beschäftigen, also an etwas denken, es ausführen oder unsere Energie darauf richten, desto stärker werden die hierfür zuständigen Verknüpfungen in unserem Gehirn. Das heißt, in Zukunft wird es uns leichter fallen, dieses Verhalten und Handeln abzurufen und umzusetzen.

Was wir dabei aber nicht vergessen dürfen: Jeder Mensch startet mit völlig anderen Voraussetzungen seinen Weg zum Glücklichsein. Denn jeder Mensch verfügt über unterschiedlich dominante oder weniger dominante Verknüpfungen von Neuronen, die genetisch bedingt vorliegen oder im Laufe seines Lebens aufgebaut wurden. Das erinnert mich an ein schönes Zitat aus *Der große Gatsby* von F. Scott Fitzgerald:

»Als ich noch jünger war und um vieles empfindsamer,

gab mir mein Vater einen Rat, der mir seither immer wieder durch den Kopf ging. Er sagte: ›So oft du Lust hast, jemanden zu kritisieren, erinnere dich, dass kein Mensch auf der Welt ähnliche Chancen gehabt hat, wie du.‹«

Das Zitat spricht sicherlich mehr auf die Umstände als die genetischen Voraussetzungen von Gatsby an. Was es aber treffend formuliert, ist: Es gibt einen Grund für vieles, worüber wir uns ärgern, das uns belastet, frustriert und unglücklich macht. Aber gleichsam ist es als Apell zu verstehen, dass wir uns gegenseitig die Hände reichen müssen auf dem Weg zum Glücklichsein. Statt die Faust in der Tasche zu ballen, müssen wir unser Herz in die Hand nehmen, um uns selbst und unser Umfeld glücklicher zu machen. Das Anerkennen, dass jeder Mensch sein eigenes nicht vergleichbares Päckchen an Schicksalsschlägen mit sich trägt, ist hierfür Grundvoraussetzung.

Die Grundsätze von Glück zu verstehen und zu erlernen, erfordert ein unterschiedliches Maß an Veränderung, Umdenken und Fleiß. Für manche Menschen ist dieser Lernprozess mit drastischen Veränderungen und viel Disziplin verbunden. Es sind traumatische Erlebnisse, Kindheitserfahrungen, äußere Umstände, gesundheitliche Probleme, der spezifische Aufbau unseres Gehirns und vieles mehr, die es manchen Menschen erschweren, glücklicher zu werden. Sie sind vorbelastet durch gewisse Schicksalsschläge und müssen gegebenenfalls etwas härter an sich arbeiten, um ihre neuronalen Verknüpfungen umzuprogrammieren.

Es ist wichtig anzuerkennen, dass wir immer die Möglichkeit haben, unser Glücksempfinden zu verbessern. Niemand ist zum Unglück verdammt, und nur weil die Ausgangssituation für manche von uns schwieriger ist, heißt das nicht, dass man aufgeben sollte, Verbesserungen anzustreben. Absolutes Glück gibt es ohnehin nicht. Es ist der Weg zum Glück, der dem Leben Sinn verleiht. Er startet bei allen woanders, aber wir können ihn alle gehen, um glücklicher zu werden.

Grenzen des Glücks

Wir können nicht immer nur glücklich sein, aber wir können versuchen, möglichst glücklich zu sein. Das heißt nichts anderes, als stets den Ansporn zu haben, das Beste aus allem zu machen, aus unseren Erfahrungen zu lernen und unsere Gedanken und Erwartungen kritisch zu hinterfragen.

Dennoch: Es gibt so viel Grausames auf dieser Welt, so unendlich viel Leid, Ungerechtigkeit, Krankheit. Jeden Tag sehen sich Menschen ihrer Freiheit beraubt, sei es durch ein korruptes politisches System, Diktaturen, Kriege oder auch familiäre Umstände. Tod, Krankheit, Folter, Schmerz, Gefangenschaft oder Zwänge sind Dinge, die wir nicht oder sehr eingeschränkt aus eigener Kraft ändern können. Dinge, die wir nicht unmittelbar verschuldet oder verantwortet haben. Die Existenz dieser Grausamkeiten ist schwer bis gar nicht zu erklären oder zu rechtfertigen. Es sind unglückliche und grausame Schicksale, die Menschen aushalten müssen.

Menschen in Kriegsgebieten, die tagtäglich Leid und Schmerz erfahren, kann man natürlich nur schwer empfehlen, sich mit ihrem Schicksal abzufinden und die menschenunwürdigen Verhältnisse zu akzeptieren und darin ihr Lebensglück zu finden.

Wir müssen lernen, damit zu leben. Das heißt aber im Umkehrschluss nicht, dass wir aufhören sollten, danach zu streben, dieses Leid – auch wenn es nicht unser unmittelbares Leben betrifft – zu lindern und zu stoppen! Es wird immer Kranke geben. Auch der Tod ist ein fester Bestandteil unseres Lebens, genauso wie die Hoffnung, dass Gerechtigkeit und Freiheit für alle Menschen dieser Welt realisierbar sind. Und wenn wir das Grausame und das menschliche Leiden sehen und akzeptieren lernen, lernen wir auch verantwortungsvoller mit unserem Leben umzugehen. Hierin liegt jene Freiheit, die uns niemand nehmen kann: die Freiheit, unseren Geist positiv zu lenken, auch wenn das Leid noch so groß ist. Es hilft uns, das Leiden zu akzeptieren und das Beste aus jeder Situation zu machen. Das Leben bedeutet nun mal auch Leid, es gehört untrennbar zum Leben dazu. Und Leid zu akzeptieren, also eben die Erwartungshaltung zu haben, dass Leid ein unausweichlicher Teil unseres Lebens ist, hilft uns im Umgang damit und trägt dazu bei, ein glücklicherer Mensch zu sein. Leid zu akzeptieren ist im Sinne der Steigerung des individuellen Glück zu verstehen, nicht im Sinne des Unterlassens, es grundsätzlich zu beseitigen und zu bekämpfen.

Wie hat Friedrich Nietzsche gesagt: Wir müssen Unglück kennen, um das Glück zu erkennen. Wissenschaftliche Arbeiten belegen, dass negative Emotionen der Schlüssel zu mehr Wohlbefinden sind. Wir können nicht immer nur glücklich sein, aber wir können versuchen, möglichst glücklich zu sein. Das bedeutet auch, dass wir lernen, Unglück und Leid als Bestandteil unseres Lebens zu akzeptieren. Wenn wir das von innen heraus beherrschen, beherrschen wir das Kostbarste, was uns das Leben schenken kann: einen positiv orientierten Geist. Einen Geist, der auf unser individuelles Glück, sei es nun situativ oder bilanzierend, orientiert ist.

Wir sind verantwortlich für unser Glück

Auf meiner Reise um die Welt habe ich die Geschichte eines Mönchs in Nepal gehört, der aufgrund seines Glaubens grausam gefoltert und jahrelang eingesperrt wurde. Seine Realität und seine Konstellation waren nicht zu verändern. Er war gefangen und seine Chancen zu fliehen oder die Menschen zu verändern, die ihn so grausam behandelten, waren gleich null. Was ihm jedoch keiner nehmen konnte, war die Kontrolle über seinen Geist und seine Erwartungen. Der Mönch begann daher jeden Tag mit einem Lächeln. Er hatte gelernt, seine Situation zu akzeptieren, wie sie ist, und seine Erwartungshaltung daran angepasst. Das gab ihm die Kraft, aus seiner Situation das Bestmögliche zu machen – und trotz dieser aussichtslosen Lage fand er so zu innerer Ruhe und mehr Glück.

Warum ich dieses extreme Beispiel hier anbringe? Um zu zeigen, dass wir die Realität nur bedingt und manchmal gar nicht kontrollieren oder verändern können. Es liegt nicht in unserer Macht. Wir können nicht beeinflussen, ob unser Chef Choleriker ist und uns den Arbeitsalltag damit schwermacht, ob wir einen Auftrag bekommen oder eine Wirtschaftskrise eintritt, und wir können auch nicht kontrollieren, ob die Liebe unseres Lebens auch für immer uns selbst als ihre empfindet. Das alles passiert im Außen, darüber hat der Einzelne nur bedingt Kontrolle. Wir können die Realität nicht immer kontrollieren. Aber wir können lernen, diese unveränderlichen Situationen zu akzeptieren und unsere Erwartungen anzupassen. Im Idealfall erkennen wir an, dass etwas außerhalb unseres Einflussbereichs passiert, bleiben aber innerlich ruhig und reagieren dementsprechend, indem wir beispielsweise die Umstände akzeptieren. Der Schlüssel zu innerer Ruhe und Glück liegt in uns selbst. Er gibt uns die Macht über unser eigenes Glück zurück. Wenn wir uns darüber bewusst werden, machen wir uns selbst zum einzigen Verantwortlichen für unser Glück und für die dafür notwendigen Veränderungen.

Management bedeutet, Dinge zu verändern und dementsprechend zu handeln. Handeln setzt das Bewusstsein darüber und den Glauben daran voraus, dass wir Dinge verändern können. Wir können die Realität nicht immer, aber häufig verändern. Wir können Konstellationen verändern. Vor allem aber können wir unsere Erwartungen verändern. Den Glauben, durch Handeln Veränderung herbeiführen zu können, sei es die Veränderung der Realität, der Konstellation oder unserer Erwartungen, halte ich für eine der fundamentalsten Eigenschaften von glücklichen Menschen. Statt sich ihrem Schicksal, ihren Erwartungen, ihrer Konstellationen oder ihrer Realität zu ergeben, glauben sie daran, dass sie Einfluss nehmen und aktiv etwas verändern können – was auch immer es im konkreten Fall bedeutet.

Wenn wir mit der Einstellung durchs Leben gehen, dass die anderen an allem schuld sind, werden wir es voraussichtlich nicht weit bringen. Die Gefahr ist dann groß, dass wir stagnieren. Diese Einstellung hält uns davon ab, die nötige Veränderung herbeizuführen, um glücklicher zu werden. Stattdessen erfinden wir Ausreden, die uns vom Glück, Handeln und positiver Veränderung fernhalten.

Wer es sich zum Ziel setzt, glücklicher zu sein, ist letzten Endes selbst dafür verantwortlich. Das bedeutet, wer daran scheitert oder die falschen Veränderungen einleitet, ist selbst schuld daran. Die Verantwortung kann er nicht abwälzen, und das macht vielen Menschen Angst. Sie sind perfektionistisch veranlagt oder wollen keine Fehler machen, und müssten sich diese Schwächen eingestehen, wenn die gewünschte Veränderung nicht eintritt.

Doch der größte Fehler, den wir im Leben machen können, ist unglücklich zu sein! Also sollten wir den Mut finden und aus unserer Komfortzone ausbrechen. Fehler gehören schlichtweg zum Leben. Weil Glück eng daran gekoppelt ist, wie unsere Erwartungen mit unserer Realität übereinstimmen, müssen wir die volle Verantwortung für unser Glück übernehmen. Und dabei sollte Perfektionismus uns nicht im Weg stehen oder gar als Grund dafür herhalten, dass wir uns nicht weiterbewegen.

Glückliche Menschen suchen keine Ausreden, sie schieben ihr Unglück nicht auf andere oder machen ihr Glück von anderen abhängig – sie nehmen ihr Glück mutig selbst in die Hand!

2. Weisheit

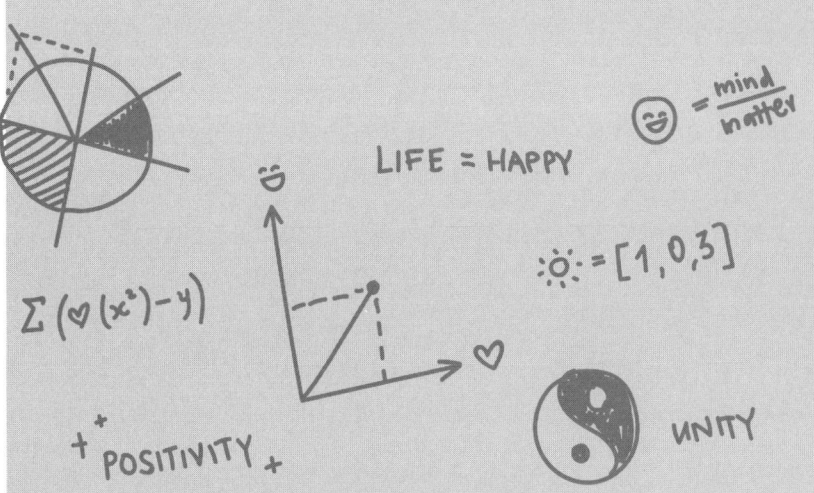

Aus Wissen folgt Erkenntnis, und Erkenntnis ist der Anfang von Veränderung. Um unser Glück besser managen zu können, gibt es einige Weisheiten, die wir kennen und verstehen sollten. Sie helfen uns dabei, die Strategien für unseren Weg zum Glück besser umsetzen zu können. Und sie helfen uns, uns selbst besser zu verstehen, Distanz gegenüber alltäglichen Dingen zu entwickeln und glücklicher zu werden.

Vergänglichkeit

Wir möchten uns nicht trennen von Dingen, die uns wichtig sind. Wir möchten uns nicht trennen von denjenigen, die wir mögen oder gar lieben. Wir möchten nicht, dass Familienmitglieder oder Freunde sterben. Wir wollen nicht alt werden. Es fällt uns schwer, loszulassen von Momenten, die uns mit Glück erfüllen. Doch wir müssen uns trennen von Menschen und Dingen, die uns wichtig sind. Wir müssen akzeptieren, dass Familienmitglieder oder Freunde sterben, dass Liebe kommt und geht und wir Partner gewinnen, aber sie auch von uns gehen. Wir müssen damit umgehen lernen, dass wir altern und dass glückliche Momente vorüberziehen.

Denn alles ist vergänglich. Eine gute Mahlzeit ist vergänglich, weil der Teller irgendwann leer und der Magen (hoffentlich) voll ist. Häuser sind vergänglich, denn sie stürzen irgendwann ein, werden abgerissen oder durch Kriege zerstört. Manchmal dauert das Jahrhunderte, aber irgendwann wird das Haus den Witterungsumständen zum Opfer fallen und zerfallen. Dieses Buch ist vergänglich. Es wird zerfleddern und irgendwann im Altpapier landen. Ein Orgasmus ist vergänglich. Ich denke, das wissen die meisten Leser aus eigener Erfahrung. Freundschaften sind vergänglich, weil wir uns verändern, auseinanderleben oder unausweichliche Ereignisse wie der Tod sie auseinanderreißen. Ebenso Partnerschaften. Liebe ist vergänglich! Gefühle und Erlebnisse sind vergänglich. Nichts ist für die Ewigkeit bestimmt. Deshalb sind auch wir vergänglich, denn wir sterben irgendwann. Eine wichtige Tatsache, die wir allzu oft ausblenden und die uns mitunter nicht bewusst ist. Doch der Tod in seiner ganzen Konsequenz trennt uns von allem, was heute unser Leben und unseren Alltag ausmacht.

Ich erinnere mich an ein Gespräch mit einer jungen Frau, die mit ihrem Freund durch Südamerika reiste. Sie erzählte mir, dass sie dem Tod bereits von der Schippe gesprungen war. »Seitdem treffe ich große Entscheidungen nicht mehr aus Angst, sondern aus Liebe zum Leben und in dem Bewusstsein, dass es morgen schon vorbei sein kann. Wenn du einen Traum hast, fang jetzt an, ihn zu verwirklichen«, sagte sie eindringlich. Warum ich das erwähne? Ein großer Teil unseres Unglücks resultiert aus einem falschen Umgang mit unserer Vergänglichkeit. Wären wir uns unserer Vergänglichkeit stets bewusst, würden wir viele Dinge anders angehen und Entscheidungen anders treffen. Oftmals halten wir an Dingen fest, für die von Anfang an feststeht, dass sie früher oder später vergehen werden.

Wenn wir erkennen und akzeptieren, dass unsere Welt vergänglich ist, können wir lernen, Veränderung anzunehmen. Diese Einsicht ist fundamental für unseren Weg zu einem glücklicheren Leben. Wenn wir an Vergänglichem zu sehr festhalten, leiden wir. Doch unsere Realität ist stets und ständig in Veränderung; Dinge kommen und gehen. Daran müssen wir auch unsere Erwartungen anpassen.

Veränderungen, die wir nicht akzeptieren, sind oft mit Erwartungen verbunden, die sich mit unserer Realität beißen. Wir wünschen uns das, was wir verloren haben, oder das, was sich verändert hat, zurück, zum Beispiel eine Liebe, die verflogen ist, oder einen Freund, der verstorben ist. In beiden Fällen trauern wir einer Zeit mit einem Menschen nach, die es so nicht noch einmal geben wird. Wir befinden uns in einem unglücklichen Zustand, weil wir nicht in der Lage sind, die Vergänglichkeit zu akzeptieren und in unsere Erwartungen mit einzubeziehen. In dem Moment, in dem uns das gelingt, können wir mit dem Verlust besser umgehen. Aus diesem Verständnis heraus lernen wir, Dinge mit einer anderen, bewussteren Erwartungshaltung anzugehen. Wenn wir schon im Vorfeld davon ausgehen, dass nichts ewig währt oder gleich bleibt, kann uns die Realität weniger enttäuschen. Wir können lernen, den Moment mehr zu genießen und mehr Dankbarkeit für das gemeinsam Erlebte und die schönen Erinnerungen zu empfinden. Wir sollten lernen, Erfahrungen, die wir machen, wertzuschätzen und wir müssen lernen Vergänglichkeit zu akzeptieren und demnach unsere Erwartungen anzupassen, um neuen Dingen, die uns glücklich machen können, wieder Platz zu schaffen.

Die Erkenntnis, dass alles vergänglich ist, soll aber nicht dazu führen, dass wir Dingen eine geringere Bedeutung zusprechen, sie weniger wertschätzen oder weniger für ihren Erhalt eintreten und kämpfen. Im Gegenteil! Wenn wir uns bewusst machen, dass alles im Leben ein Ende hat, erleben wir auch Alltägliches viel bewusster. Dieses Bewusstsein hilft uns, dankbar für das Erlebte, die Erfahrungen und die Erkenntnisse zu sein. Erinnerungen, die wir aus dem Erlebten mitnehmen, formen uns und machen uns zu der Person, die wir sind. Erinnerungen, die wir in uns hüten wie einen Schatz oder die uns wie ein Geist heimsuchen, formen uns und bestimmen unser Handeln. Vergänglichkeit ist ein Teil des Lebens, deswegen müssen wir lernen loszulassen. Allem Neuen wohnt ein besonderer Zauber inne, und gleichzeitig wird uns alles Wunderbare, das wir zuvor erlebt und erfahren haben, immer in Erinnerung bleiben.

Aufmerksamkeit

Schlechte Gedanken ziehen schlechte Worte, schlechte Taten und schließlich auch negative Veränderungen nach sich. Positive Gedanken führen zu guten Worten, guten Taten und positiver Veränderung. Was ich damit meine? Was wir denken, beeinflusst unser Handeln, und das wiederum beeinflusst unsere Realität. Was wir denken, wird beeinflusst von jenen Dingen, denen wir unsere Aufmerksamkeit widmen. Wenn wir etwas begehren, können wir uns darauf konzentrieren, was uns davon abhält, es zu erlangen, oder darauf, was zu tun wäre, um es zu gewinnen. Wenn wir einem Menschen zuhören, können wir darauf achten, was er Positives sagt, aber auch darauf, was er Negatives vermittelt.

Hierzu eine kurze Geschichte[1]:

»Ein weiser Mann saß vor den Toren seiner Stadt. Alle Menschen, die in die Stadt gingen, kamen an ihm vorbei. Ein Fremder blieb stehen und sprach ihn an:

›Du kannst mir sicher sagen, wie die Menschen in dieser Stadt sind?‹

Der Weise sah ihn freundlich an und fragte: ›Wie waren sie dort, wo du herkommst?‹

›Freundlich, hilfsbereit und großzügig. Sehr angenehme Menschen‹, antwortete der Fremde.

›Genau so sind sie in dieser Stadt‹, entgegnete daraufhin der Weise.

Das freute den Fremden und mit einem Lächeln ging er durch das Tor. Später kam ein anderer Fremder an ihm vorbei: ›Sag mir, wie sind die Menschen in dieser Stadt?‹

Der Weise fragte auch ihn: ›Wie waren sie dort, wo du zuletzt warst?‹

›Furchtbar! Unfreundlich und arrogant. Deshalb bin ich ausgezogen!‹

Der weise Mann antwortete: ›Ich fürchte, so sind sie auch in dieser Stadt!‹«

---

[1] http://www.abenteuer-philosophie.org/artikel/131_du_bist_was_du_denkst.pdf

Diese Geschichte lehrt uns, dass unsere Aufmerksamkeit unsere Wahrnehmung der Realität bestimmt: Fokussieren wir uns auf das Gute, sehen wir das Gute. Liegt unser Augenmerk auf den schlechten Dingen, sehen wir auch mehr Schlechtes. Entsprechend fühlen wir dann auch. Unserer Aufmerksamkeit folgen unsere Gedanken und unser Handeln. Entsprechend von Bedeutung ist es, zu lernen und zu beherrschen, worauf wir unsere Aufmerksamkeit richten. Nur so können wir beeinflussen, wie wir unsere subjektive Realität wahrnehmen und unsere Erwartungen möglichst in Einklang mit ihr bringen. Die Realität ist oft objektiv nicht veränderbar. Die Menschen in einer Stadt sind eben, wie sie sind. Doch die Wahrnehmung unserer subjektiven Realität kann durch die Steuerung unser Aufmerksamkeit zu einem positiven oder negativen Abbild dieser Realität führen.

Unser Denken ist bestimmt davon, worauf wir unsere Aufmerksamkeit richten. Dorthin, wohin unsere Aufmerksamkeit fließt, fließen auch unsere Gedanken. Unsere Energie folgt unseren Gedanken und lässt Veränderungen entstehen.

Machen wir ein kleines Experiment: Du liest gerade dieses Buch, und es hat Einfluss darauf, was du genau jetzt in dieser Sekunde denkst, fühlst und machst. Leg es mal kurz zur Seite, schnapp dir dein Smartphone oder deine Post und lies ein paar Nachrichten. War etwas Schönes dabei, wurde deine Aufmerksamkeit auf etwas Positives gerichtet und entsprechende Gefühle folgten. Waren es schlechte Nachrichten, bist du sauer oder genervt. Womöglich hast du eine Nachricht erhalten, die dich daran erinnert hat, dass du noch dringend etwas erledigen musst, und du bist schon auf dem Weg zum Supermarkt oder in die Werkstatt und fühlst dich gestresst. Womöglich hat dir niemand geschrieben, und du bist ein wenig enttäuscht darüber. Wie auch immer dein Nachrichten-Check ausgefallen ist, deine Aufmerksamkeit wurde auf etwas anderes gelenkt und hat dein situatives Glück beeinflusst.

Dieses kleine Experiment soll verdeutlichen, dass wir mit unseren Sinnen da sind, wo unsere Aufmerksamkeit ist. Das heißt, dort erleben wir die Realität. Das beeinflusst zum einen unser situatives Glück, zum anderen beeinflusst es aber auch, was wir zukünftig tun werden. So zum Beispiel dieses Buch: Sofern dir das Buch Spaß macht und deine Erwartungen erfüllt, sollte es dir ohnehin gutgehen. Vielleicht hast du das Experiment auch gar nicht mitgemacht und einfach weitergelesen.

Da die Dinge, denen wir Aufmerksamkeit widmen, unser Leben bestimmen und beeinflussen, ist es entscheidend, dass wir behutsam mit unserer Aufmerksamkeit umgehen. Welche Bücher lesen wir? Welche Filme schauen wir uns an? Wie kanalisieren wir Informationen und Nachrichten? Mit welchen Menschen umgeben wir uns? Toxische Beziehungen werden sich immer negativ auf unser Wohlbefinden auswirken. Wie gehen wir mit unserem Körper um? All das ist entscheidend dafür, wohin unsere Aufmerksamkeit und damit letztlich unsere Energie fließt. Unsere Aufmerksamkeit bestimmt unsere Zukunft. Es liegt in unserer Hand, wie wir mit uns und unserem Leben umgehen, welchen Gedanken wir folgen und welche wir unterbinden. Unsere Gedanken liegen in unserer Macht.

Programm im Kopfkino

Lass uns noch ein kleines Experiment machen: Woran denkst du gerade? Vielleicht überlegst du, was diese Frage jetzt wieder soll, oder aber, dass dieses Buch gerade anfängt, spannend zu werden. Du denkst auf jeden Fall an irgendetwas. Und es ist sogar sehr wahrscheinlich, dass du über meine Fragen und meine Vermutungen nachgedacht hast, während du sie gelesen hast. Ich möchte, dass du jetzt deine Aufmerksamkeit auf etwas sehr Positives richtest. Denk an etwas Gutes, das dir widerfahren ist, das dir ein Lächeln ins Gesicht zaubert und dich glücklich macht, zum Beispiel an deinen ersten Kuss, an die Geburt deines Kindes, einen tollen Abend mit Freunden oder deine letzte Reise. Spiel die Erinnerung noch einmal durch und erleb den Moment in Gedanken noch einmal. Richte deine Aufmerksamkeit komplett auf diese Erinnerung. Genieß das Schwelgen in der Vergangenheit für einen Augenblick und spüre, was du dabei fühlst. Ich hoffe, es war schön und das Zurückerinnern hat dein Herz erwärmt.

Jetzt drehen wir den Spieß um, und ich möchte, dass du dich an etwas Negatives erinnerst. Denk an etwas Schlechtes, das dir zugestoßen ist und dich wütend, traurig oder ängstlich gemacht hat, zum Beispiel eine Trennung, eine Auseinandersetzung mit einem Kollegen oder der Verlust eines geliebten Menschen. Ruf deine negativen Erinnerungen wieder zurück in dein Bewusstsein und schenk ihnen deine volle Aufmerksamkeit. Fühl dich in den Gedanken ein – und jetzt stopp!

Was ist gerade passiert? Wie hast du dich dabei gefühlt? Was haben die positiven Erinnerungen mit dir gemacht und welche Gefühle haben die negativen Gedanken in dir ausgelöst?

In meinen Interviews habe ich mit einem jungen Mann in Neuseeland darüber gesprochen, was unsere Gedanken manchmal mit uns anstellen. Während wir darüber lamentierten, dass wir uns oftmals selbst zu Abhängigen unseres Kopfkinos machen, kamen wir auf einen wunderbaren Vergleich: Stell dir vor, wir hätten bei dem Experiment gemeinsam auf der Couch vor dem Fernseher gesessen, beide auf das laufende Programm fokussiert. Ich habe jedoch die Fernsteuerung in der Hand und kann das Programm nach Lust und Laune wechseln. Du siehst einfach zu, während ich zappe: erst das Schöne (zum Beispiel Liebesfilm), dann das Unangenehme (zum Beispiel Horrorfilm). Einmal wähle ich einen positiven und schönen Sender für dich und einmal einen negativen. Da du mir den Umschalter überlassen hast, hast du keinen Einfluss darauf, was läuft.

Es gibt nun drei zentrale Dinge, die du aus diesem Experiment lernen kannst:

Deine ständig herumschwirrenden Gedanken sind vergleichbar mit einem Fernseher, der immer läuft. Du kannst deine

Aufmerksamkeit nur auf ein Programm richten, und das wird darüber entscheiden, ob es dir gerade gutgeht oder nicht. Auf diese Weise werden deine neuronalen Verknüpfungen beeinflusst und programmiert und dein zukünftiges Handeln bestimmt. Du fühlst, denkst und bist letztlich der Sender, der gerade in deinem Kopf läuft.

Das Programm kannst du ändern, du musst nur umschalten. Dazu muss die Fernsteuerung funktionieren, und du musst sie bedienen können. Nichts ist nerviger, als den Umschalter nicht zu finden, wenn das Programm dich gerade herunterzieht. Achte darauf, dass die Batterien immer geladen sind. Soll heißen: Gönn dir ab und zu Ruhe und Entspannung im Alltag. Du kannst steuern, woran du denkst und worauf du deine Aufmerksamkeit richtest, aber dazu brauchst du Energie. Wenn du negative Gedanken hast, dann liegt es in deiner Verantwortung, die Fernsteuerung in die Hand zu nehmen und auf ein positives Programm umzuschalten. Dazu musst du natürlich wissen, welche Programme dich glücklich und welche dich unglücklich machen. Nur so kannst du dein situatives Glück steigern.

Das nächste Mal, wenn du an etwas Negatives denkst, erinnere dich daran, dass du es in der Hand hast und nimm die Fernsteuerung. Schalte auf ein anderes, ein positiveres Programm um; eines, das dich glücklich macht oder dir hilft, glücklicher zu werden. Wenn beispielsweise dein Chef dich vor versammelter Mannschaft respektlos behandelt hat, bringt es nichts, wenn du abends im Bett liegst und grübelst, wie du es ihm heimzahlen kannst. Das Programm »Ärgern und es dem Chef heimzahlen« ist das falsche! Stattdessen solltest du das Programm aktiv wechseln. Du könntest dich etwa darüber freuen, dass du deinem Chef in Sachen Mit- und Feingefühl um Längen voraus bist. Alternativ kannst du dir eine pfiffige Idee überlegen, wie du ihm vermitteln kannst, dass er dich unfair behandelt hat. Wenn ein Partner neben dir liegt, könnte es auch ein schönes Alternativprogramm sein, dich zu ihm umzudrehen und an ihn zu kuscheln und dich darüber zu freuen, dass du nicht allein bist nach so einem Tag.

Du musst lernen, negative Gedanken zu substituieren. Oftmals neigen wir dazu, uns über viel zu viel Sinnloses aufzuregen, anstatt zu erkennen, dass manche alltäglichen Dinge das nicht wert sind und wir damit nur unsere kostbare Energie verschwenden. Nochmals zur Erinnerung: Wenn die Batterien leer sind, funktioniert die Fernsteuerung nicht. Das heißt, wenn du keine oder nur wenig Energie hast, wird es dir schwerfallen, deine Aufmerksamkeit aktiv zu steuern. Meditation ist eine hilfreiche Übung in diesem Zusammenhang, darauf gehe ich in Kapitel 3 noch genauer ein.

Überlege genau, wem du die Fernsteuerung gibst. Postiere einen Türsteher vor deiner mentalen Tür, der alle von der Couch vertreibt, die schlechte und negative Sender einschalten. Ich empfehle dir, die Fernsteuerung nach Möglichkeit gar nicht aus der Hand zu geben. Und wenn doch, dann nur Leuten und Dingen, die positiv sind. Sorg dafür, dass keine Gedanken aufkommen, die schlecht für dich sind. Lerne deine Aufmerksamkeit richtig zu kanalisieren.

Es gibt Menschen in unserem Umfeld, die permanent den falschen Sender einschalten. Sie schimpfen und lästern über andere, beklagen sich wieder und wieder über die gleichen Dinge, geben Schwachsinn von sich, agieren respektlos, reden darüber, warum Dinge nicht gehen und schieben die Schuld immer auf alles andere außer sich selbst. Solche Menschen bezeichne ich gern als »Energievampire«, weil sie permanent negative Sender einschalten und andere damit herunterziehen. Sie verbrauchen nicht nur ihren eigenen Akku, sondern deinen gleich mit, weil du permanent mit dem Versuch beschäftigt bist, wieder auf positive Programme umzuschalten. Jedes Mal, wenn du den Knopf zum Umschalten auf deiner Fernsteuerung drücken musst, kostet das Energie. Jeder schlechte Sender, der läuft, programmiert negative Denkmuster und Erinnerungen in deinem Gehirn, die du wieder aufräumen, beseitigen und durch positive Programmen ersetzen musst. Das Leben ist zu kurz und die Zeit zu kostbar, um sie Energievampiren zu überlassen!

Hast du Energievampire in deinem Leben, hilft meistens nur, die Konstellation zu verändern. Anders gesagt: Verbring deine Zeit mit anderen Leuten beziehungsweise beende eine Partnerschaft, Freundschaft oder auch Bekanntschaft und schaff auf diese Weise mehr Platz für positivere Menschen und Dinge in deinem Leben.

Da unser Denken, Fühlen und Handeln stark davon abhängen, worauf wir unsere Aufmerksamkeit richten, müssen wir streng darauf achten, welche Inhalte wir in unseren Kopf lassen. Wir sollten uns also sehr bewusst darüber sein, wie wir unser persönliches Fernsehprogramm zusammenstellen. Achte darauf, was für ein Gefühl bestimmte Gedanken in dir auslösen. Oftmals verfallen wir ins Grübeln, weil wir Angst haben. Vor allem zwischenmenschliche Konflikte machen uns zu schaffen. Unser Geist glaubt, die Lösung für alle Probleme zu kennen, und spricht mittels Gedanken zu uns. So versuchen wir, unsere Angst loszuwerden. Wir wälzen die Vergangenheit, anstatt sie ruhen zulassen. Wir machen uns Sorgen um die Zukunft, anstatt sie auf uns zukommen zu lassen und sie zu gestallten. Wenn wir in der Lage sind, das Gedankenkarussell selbst zu stoppen, erkennen wir, dass gewisse Dinge nicht in unserer Macht stehen. Wenn wir lernen, uns auf das Hier und Jetzt zu konzentrieren, reduziert das unser Stresslevel und erhöht unsere Selbstwahrnehmung.

Um es noch deutlicher zu machen, hilft es, sich das menschliche Gehirn wie eine Festplatte vorzustellen. Darauf ist alles gespeichert, was wir bislang erlebt haben: unsere Erziehung, was wir gelernt haben, all unsere Erfahrungen, gute wie schlechte. Für jede Erfahrung gibt es Einträge, Daten und Programme, die wir jederzeit abrufen können. Unsere Aufmerksamkeit ist der Bildschirm, der sichtbar und erlebbar macht, was auf der Festplatte alles abgespeichert ist. Die Kunst besteht darin, selbst zu steuern, was auf dem Monitor erscheinen soll. Entscheidend ist, dass wir lernen, uns auf das Positive zu konzentrieren und das Negative erst gar nicht anzuklicken. Wenn wir es doch versehentlich tun, müssen wir das Programm oder die Datei manuell wieder schließen oder durch eine andere Datei ersetzen. Dafür ist es wichtig, dass die Maus immer funktioniert (erinnere dich an die Batterien in der Fernbedienung!).

Das Ordnen der gespeicherten Dateien entspricht der Reflexion. Dabei durchforsten wir unsere Festplatte, um positive und negative Dateien zu identifizieren. Die guten Dateien und Programme legen wir auf unseren Desktop, damit wir sie ständig sehen und schnell darauf zugreifen können. Die schlechten Dateien müssen wir löschen oder, wenn das nicht möglich ist, tief in unserer Ordnerstruktur vergraben. So treffen wir möglichst selten auf sie oder kommen gar nicht erst in Versuchung, sie erneut zu öffnen.

Wie in der Welt der Computer gibt es auch im echten Leben Viren. Wenn wir krank, depressiv oder schlecht gelaunt sind, dann haben wir eine Art Virus auf unserer Festplatte. Der Virus öffnet irgendwelche Fenster, die wir gar nicht sehen wollen, deaktiviert unseren Zugriff auf die Maus oder blockiert die Funktion, ein Programm zu schließen. Viren fängt sich jeder ein, selbst der beste Virenblocker kann eine Lücke haben. Nach einer Infektion ist es umso wichtiger, den Störenfried schnellstens loszuwerden. Dafür gibt es Virenprogramme, die man einspielen muss, oder Spezialisten, die man aufsuchen kann. Es gibt Viren, die bekommt man recht schnell weg, andere sind hartnäckiger und bereiten uns viel Arbeit und Ärger. Deswegen sollten wir uns generell von Programmen und Seiten fernhalten, auf denen wir uns mit hoher Wahrscheinlichkeit Viren einfangen können. Das bedeutet, wir sollten im wahren Leben

Situationen meiden, bei denen wir von Anfang an wissen, dass sie ein schlechtes Ende nehmen werden.

Also, schaff dir einen mentalen Türsteher an, organisiere deine negativen Gedanken und Gefühle und regle dein mentales Fernsehprogramm selbst!

Begrenzte Aufmerksamkeitsspanne
Kennst du das: Du sitzt mit jemandem zusammen, kannst dem Gespräch aber nicht aufmerksam folgen? Stattdessen fällt dir ein, was du heute noch alles erledigen musst, oder dir fällt auf, dass dein Gegenüber eine lustige Nase und lustige Augenbrauen hat. Du bist schlichtweg unkonzentriert und deswegen schweifen deine Gedanken ab. Konzentration ist die Intensität, in der wir Dingen Aufmerksamkeit schenken. Je höher die Konzentration, desto intensiver nehmen wir wahr und verarbeiten die Dinge, denen wir gerade unsere Aufmerksamkeit widmen. Konzentration ist wichtig, um Aufmerksamkeit nicht zu verschwenden. Ganz ehrlich, was bringt es dir und deinem Gegenüber, Zeit und Energie in ein Gespräch zu investieren, wenn das Gespräch an einem von euch völlig vorbeirauscht? Zugegeben, manche Leute quatschen auch einfach gerne und merken gar nicht, dass man ihnen nicht zuhört. Aber in den meisten Fällen geht es doch um den Dialog, der dabei entstehen soll.

Ein weiterer wichtiger Punkt in diesem Zusammenhang ist Ablenkung. Jedes Mal, wenn das Telefon klingelt, jemand zur Tür hereinkommt und uns etwas fragt, wir eine E-Mail erhalten oder eine andere Benachrichtigung auf unserem Display aufpoppt, werden wir von unserer aktuellen Tätigkeit abgelenkt. Jede Unterbrechung, egal ob wir in der Bibliothek sitzen und unsere Abschlussarbeit schreiben, im Büro mit dem Jahresbericht für unseren Chef beschäftigt sind oder mit einem guten Freund ein wichtiges Gespräch führen, kostet Zeit und Energie. Unsere Aufmerksamkeit und unsere Konzentration werden unterbrochen, wenn wir uns entscheiden, das Handy in die Hand zu nehmen oder eine Anfrage zu beantworten, und es ist zeitraubend und anstrengend, unsere Konzentration wieder auf die ursprüngliche Tätigkeit zu lenken.

Unsere Aufmerksamkeitsspanne und Konzentrationsfähigkeit sind limitiert. Das zu verstehen ist so bedeutend, weil es uns hilft, unsere Aufmerksamkeit als etwas Kostbares anzuerkennen, als etwas, das wir aktiv steuern müssen. Es ist demnach von enormer Bedeutung, dass unser mentaler Türsteher dafür sorgt, dass nur Impulse, die mit unseren Zielen und Erwartungen im Einklang stehen, Einlass in unseren Geist bekommen und Aufmerksamkeit erhalten. Damit schützen wir uns aktiv vor unnötigen Ablenkungen und sorgen dafür, dass unsere Energie angemessen kanalisiert wird.

Physiologie der Aufmerksamkeit

Unser Körper und Geist bilden eine Einheit und stehen im Wechselspiel miteinander. Das bedeutet, dass die Dinge, die wir physisch unserem Köper zumuten, auch Einfluss auf unsere Aufmerksamkeit und damit auf unser Denken, Fühlen und unsere

Wahrnehmung der Realität haben. Viel von dem, was wir denken und fühlen, hängt damit zusammen, was wir vorher mit unserem Körper gemacht haben, zum Beispiel ob wir verantwortungslos unsere Energie aufbrauchen. Wenn wir zu wenig schlafen, werden wir müde. Wenn wir müde sind, fangen wir an, nachlässig zu werden und Dinge zu übersehen. Wenn wir Alkohol trinken oder Drogen nehmen, sind wir punktuell sorgenfreier, angstfreier und lustiger. Wenn der Rausch aber vorbei ist und der Kater uns übermannt, fühlen wir uns lustlos, antriebslos, ängstlicher und viel reizbarer und genervter. Es entstehen Momente, in denen wir Probleme erschaffen, obwohl gar keine da sind.

In unserer Gesellschaft werden wir mit zu wenig Bewusstsein dafür erzogen, dass das, was wir denken und fühlen, unmittelbar im Zusammenhang damit steht, wie wir mit unserem Körper umgehen. Es sprengt den Rahmen dieses Buchs, auf die Folgen von Drogenmissbrauch, Rauchen, Alkoholismus, falscher Ernährung oder Bewegungsmangel einzugehen. Es ist aber von zentraler Bedeutung zu wissen, dass viele unserer unglücklichen Momente in unmittelbarem Zusammengang damit stehen, wie wir mit uns und unserem Körper umgehen beziehungsweise umgegangen sind.

Vielleicht haben wir in den letzten Wochen zu viel gefeiert und zu wenig Sport getrieben? Nichts gegen eine durchzechte Nacht! Es geht lediglich darum, sich der möglichen Folgen bewusst zu sein und sie richtig zu deuten. Falsches Essen, zu wenig Bewegung, zu viele Partydrogen, zu wenig Ruhe und Entspannung – all das kann unsere Einschätzung darüber, wie glücklich oder unglücklich wir sind, täuschen. Manchmal geht es gar nicht darum, seine Realität oder Erwartungen zu ändern, sondern schlichtweg darum, die richtigen körperlichen Voraussetzungen zu schaffen, um die Realität positiver zu interpretieren und wahrzunehmen.

Es erschreckt mich immer wieder, wie viele Menschen sich als unglücklich bezeichnen, obwohl sie einen guten Job haben, gesund und hübsch, intelligent, kultiviert und gebildet sind und enge Freunde um sich haben. Trotzdem sind sie unzufrieden mit ihrem Leben. Nicht weil ihre Erwartungen nicht mit ihrer Realität zu decken wären oder sie ihr Glück nicht richtig managen, sondern weil sie eine ungesunde Lebensweise haben, zum Beispiel durch zu viel Alkohol und zu wenig Bewegung. Das kann zu einer falschen Wahrnehmung führen und damit auch zu einem falschen Urteil über das eigene Glück beziehungsweise Glückspotenzial. Damit gehen eine Verblendung des Geistes und eine Wahrnehmungsverzerrung der Realität einher.

Wenn wir uns nicht bewusst sind, dass wir uns um Körper und Geist in gleichem Maße kümmern müssen, ist Glücksmanagement nichts anderes als der Versuch, ein Loch im Wasser zu graben.

Akzeptanz

Oft sind das Verhalten und die Reaktionen unserer Mitmenschen oder schlichtweg unsere Interpretation dessen, Ursache für unser eigenes Unglück. Wir erwarten und wünschen uns von ihnen andere Dinge, als die Realität für uns bereithält, und fragen uns: »Warum versteht sie nicht, was ich meine?«, »Warum wird er gleich so emotional?«, »Warum stellt mein Kollege so dumme Fragen?«, »Warum ignoriert er mich?« Unverständnis, Enttäuschung, Wut oder Ungeduld folgen auf dem Fuße – Emotionen, die die wenigsten von uns mit Glück in Verbindung bringen würden.

Was wir lernen müssen, ist, dass unsere Gefühle und unsere Reaktionen darauf meist ihre Ursache im eigenen Unverständnis, fehlendem Mitgefühl oder fehlender Akzeptanz haben. Wenn wir keine Erklärung für Dinge haben, können wir kein Verständnis für sie entwickeln und unsere Erwartungshaltung nicht anpassen. Die Realität deckt sich nicht mit unseren Erwartungen und wir werden enttäuscht. Wenn wir kein Verständnis für eine Situation entwickeln können, fällt es uns schwer, die Situation so zu akzeptieren, wie sie ist. Ohne Akzeptanz können wir unsere Erwartungshaltung ebenfalls nicht anpassen, also nicht mit der Realität in Einklang bringen.

Akzeptanz ist der Grundbaustein für zwei der drei Wege zum Glück. Sie ist der erste Schritt, um unsere Erwartungen und Konstellationen zu verändern: Wenn du akzeptieren kannst, dass dein Partner sich nicht verändern kann oder will, kannst du entweder deine Erwartungen anpassen oder die Beziehung beenden. In beiden Fällen hörst du damit auf, Energie zu vergeuden, indem du versuchst, deinen Partner und damit die Realität zu verändern.

Du investierst deine Kraft lieber in deine eigene Veränderung beziehungsweise in die Veränderung deiner Konstellation.

Oft tendieren wir dazu, die Realität verändern zu wollen, um glücklicher zu sein. Dies resultiert aus einer gewissen Unfähigkeit zur Akzeptanz. Da die Realität sich aber nicht immer oder nur mit viel Energie verändern lässt, ist dies gleichsam eine große Quelle für unser Leid beziehungsweise Unglück. Unter dem Strich ist es nichts anderes als Energieverschwendung. Andere Menschen lassen sich nicht so leicht ändern beziehungsweise die Veränderung muss aus ihnen selbst heraus entstehen, sonst funktioniert es nicht.

Ich möchte versuchen, anhand eines bewusst überspitzten und pauschalisierenden Gedankenexperiments zu erläutern, was ich meine: Wenn du im Westen groß geworden bist, lernst du von Kindesbeinen an, dass du vom Tellerwäscher zum Millionär werden kannst. Du musst es nur wollen, dich anstrengen und daran glauben, und ständig die Realität so verändern, dass du deinem Ziel Schritt für Schritt näherkommst. Wenn du in den Bergen von Bhutan aufgewachsen bist, lernst du hingegen, dass du als Tellerwäscher geboren wurdest und gar kein Millionär werden musst, um glücklich zu sein. Daher strebst du nicht nach dem Unerreichbaren, sondern lernst zu akzeptieren, dass du finanziell nicht reich bist und auch nicht sein wirst. Als Deutscher reklamierst du beim Kellner, wenn du statt des bestellten Schnitzels Buletten serviert bekommst. Das verhagelt dir die Laune gehörig, und du grinst erst wieder, wenn das

Schnitzel endlich vor dir steht. In Bhutan soll es dich etwas lehren, die Buletten zu essen, obwohl du ein Schnitzel bestellt hast. Dort würdest du schlichtweg akzeptieren, dass es so ist. Warum den Kellner aufscheuchen und warten, bis das Schnitzel fertig ist? Viel zu stressig! Die Buletten sind schon da und schmecken doch auch köstlich. Der Bhutaner würde sagen: »Toll die Buletten, eine köstliche Lehre, dass im Leben nicht immer alles nach Plan laufen wird.«

Tellerwäscher bleiben oder Millionär werden? Die Buletten essen oder für das Schnitzel kämpfen? Den Partner so akzeptieren, wie er ist, oder versuchen, ihn zu ändern? Tolerieren, dass die Kinder ihr Zimmer nicht aufräumen, oder ihnen die Ohren langziehen, damit sie es endlich lernen? Es gibt kein Richtig oder Falsch. Es gibt nur ein Ergebnis in Form von persönlichem Glück. Es hilft aber, beide Strategien zu erlernen und zu beherrschen, um situativ die richtige Entscheidung zu treffen und den Handlungsspielraum für mehr Glück zu erweitern.

Als westlich konditionierte Menschen müssen wir vor allem lernen, Gegebenheiten zu akzeptieren. Doch warum sollen wir Dinge akzeptieren, die wir vielleicht ändern könnten? Eine mögliche Antwort darauf lässt sich energetisch herleiten: Wir haben nur begrenzt Energie und Zeit. Wir müssen daher bewusst entscheiden, wann, wo und wie wir sie einsetzen. Denn dort, wo unsere Energie hinfließt, wird unser Leben und werden die Momente, die wir erleben, bestimmt und beeinflusst. Akzeptanz ist häufig schlichtweg effizienter.

Kehren wir noch einmal zum Buletten-oder-Schnitzel-Beispiel zurück: Es kostet uns Zeit und Kraft, den Kellner dazu zu verdonnern, uns das bestellte Schnitzel zu bringen. Im schlimmsten Fall müssen wir uns auf eine anstrengende und stimmungstötende Diskussion einlassen, weil er seinen Fehler nicht einsieht – was nicht nur uns nervt, sondern auch unsere Begleitung sowie die Tischnachbarn. Ich denke, wir können uns darauf einigen, dass es weniger kraftraubend wäre, die Buletten als völlig annehmbare Mahlzeit zu akzeptieren. Es gibt wichtigere Dinge, für die wir unsere Energie einsetzen können, als den Kellner zu beschimpfen und für unser Schnitzel zu kämpfen. Wir könnten beispielsweise das Essen, die Konversation und das Ambiente genießen und uns schon einmal Gedanken über den Nachtisch machen.

Akzeptanz geht mit Verständnis und Mitgefühl einher. Ein großer Teil unseres Unmuts und Ärgers über andere und Dinge, die wir nicht ändern können, resultiert aus unserer Unfähigkeit zu akzeptieren, dass Menschen anders sind als wir und manche Situationen so sind, wie sie nun einmal sind. Wir sind verblendet, unser Verständnis und Mitgefühl für andere getrübt. Die Welt dreht sich aber nicht nur um uns selbst, sondern sie dreht sich auch um aktuell rund 7,35 Milliarden weitere Menschen.

Ein weiteres Gedankenexperiment: Stell dir vor, du bist in einer Partnerschaft und dein Partner macht immer alles spontan. Du selbst brauchst aber eine gewisse Planungssicherheit in euren gemeinsamen Aktivitäten. Es ärgert dich, dass er nicht in der

Lage ist, etwas zu planen, und oft kurzfristig alles wieder umschmeißt. Jedes Mal, wenn das der Fall ist, macht dich das unruhig oder gar wütend, du nimmst es persönlich und schwörst dir, ihm das noch beizubringen mit der Planung. Das kannst du natürlich weiter so handhaben, aber die Chancen sind gering, dass du deinem Partner dieses Verhalten abgewöhnst.

Wie wäre es, wenn du stattdessen versuchst, ihn zu akzeptieren, wie er ist, und ihr eine gemeinsame Mitte findet? Indem du versuchst zu ergründen, woher dein Faible für Planung und seine Spontaneität kommen, könnte das zu einem entspannteren Alltag führen. Du bist in einer Familie mit strikten Regeln aufgewachsen. Dein Vater war Ingenieur und hat dir schon im Kindesalter beigebracht, dass es wichtig ist, Pläne zu haben. Im Studium hast du deine planerischen Fähigkeiten sogar noch ausgebaut und vertieft. Versetz dich nun in deinen Partner hinein: Er ist in einer Familie voller Freigeister aufgewachsen, seine Eltern waren Künstler, wie er jetzt auch, und freie Erziehung stand ganz groß auf der Tagesordnung. Es wurde in seiner Familie viel spontan entschieden und improvisiert – und das lebt dein Partner auch heute so. Warum sollte dein Partner planen lernen, wenn er aufgrund seiner Spontaneität ein so genialer Künstler ist und sich wohlfühlt? Für ihn ist es völlig normal, wenn nicht alles nach Plan läuft. Wenn du in der Lage bist, Dinge zu akzeptieren, wie sie sind, ersparst du dir viel emotionalen Stress.

Geht dir die Diskrepanz in Sachen Planung und Spontanität zwischen euch weiterhin so sehr auf den Geist, dass du immer wieder die Fassung verlierst, solltest du dir besser einen neuen Partner suchen, der genauso viel von Planung hält wie du.

Akzeptanz, die auf Verständnis und Mitgefühl aufbaut, führt dazu, dass wir unsere Erwartungen in Einklang mit der Realität bringen können, was zu einem gesteigerten Glücksempfinden führt. Wenn wir beispielsweise einem Fremden in der U-Bahn ein Lächeln schenken und dieser nicht zurücklächelt, dann heißt das nicht automatisch, dass er unfreundlich oder arrogant ist. Womöglich hat er keinen guten Tag, ist traurig, weil er einen lieben Menschen verloren hat, oder er hat einfach keine Lust zu lachen. Würden wir diese Überlegungen in unser Urteil über jemanden einbeziehen, fiele unsere Reaktion auf ein ausbleibendes Lächeln weniger emotional und destruktiv für uns selbst aus – und unsere Erwartungen relativierten sich. Die Realität wird annehmbarer, weil sie sich mit unseren Erwartungen deckt. Wenn wir Mitgefühl und Einfühlen in eine andere Person nicht nur oberflächlich sondern auch bis in die dritte, vierte Ableitung einbringen, um zu verstehen, warum Menschen oder Reaktionen so ausfallen wie sie sind, dann steigert dies enorm unser Akzeptanzvermögen.

Neben der Fähigkeit, andere so zu akzeptieren, wie sie sind, sollten wir uns auch die Fähigkeit zur Selbstakzeptanz aneignen. Dazu gehört sich auch selbst zu verstehen und zu ergründen, warum man so ist, wie man ist. Häufig leiden wir unter den Erwartungen anderer Menschen: Dein Vater möchte, dass du Anwalt wirst. Du fühlst dich aber zum Künstler berufen. Du glaubst, deine Freunde mögen dich nur, wenn du stets gut drauf bist. Wenn du aber akzeptieren lernst, dass du gute und schlechte Tage hast, demnach also auch mal schlecht drauf bist, wirst du mit dir selbst glücklicher sein und weniger Stress empfinden.

Wir werden nicht glücklich, wenn wir Anwalt werden, obwohl unser Herz für die Kunst schlägt. Es wird uns auch nicht weiterbringen, wenn wir vor anderen und uns selbst vorgeben, bester Laune zu sein, obwohl wir innerlich gerade zerbrechen. Wenn wir aber lernen, uns selbst, andere und unsere Umstände zu verstehen und zu akzeptieren, werden wir offener der Realität entgegentreten. Das heißt auch, wir werden es als leichter empfinden, unsere Erwartungen zu überprüfen und anzugleichen.

Selbst wenn wir die Hintergründe, Ursachen und Umstände verstehen, fällt es manchen von uns schwer, Akzeptanz, Verständnis und Mitgefühl für andere aufzubringen. Was uns dabei oft im Weg steht, sind wir selbst, genauer: unser narzisstisches Ego. Studien haben gezeigt, dass es in den vergangenen Jahren einen Anstieg an Narzissmus, Eigenfokus und Selbsterhöhung gegeben hat. Das ging mit einem Rückgang des Empathielevels einher, das heißt inwieweit wir uns Sorgen um andere machen oder andere verstehen können. Die Ich-bin-das-Zentrum-des-Universums-Mentalität hat gesellschaftliche Ursachen.

Narzissmus ist eine überhebliche Form der Selbstbewunderung und Selbstverliebtheit. Ein Mensch mit narzisstischen Zügen glaubt, dass sein Verhalten, seine Meinung, seine Werte, die besten und wertvollsten sind. Es fehlt ihm an Demut und

Bodenständigkeit. Dass es noch ganz viele andere glücklichere, erfolgreichere und beliebtere Menschen auf der Welt gibt, die sich von ihm unterscheiden und deren Werte, Konzepte, Meinungen und Ansichten gleichsam objektive Gültigkeit und Berechtigung besitzen, erkennt er nicht an. Der Narzisst hält die Ansichten anderer für verkehrt. Er versucht daher, andere von sich selbst, seiner Meinung und seinen Werten zu überzeugen und damit die Realität zu verändern, à la »Ich bringe meinem Partner noch die Planungsfähigkeit bei!«.

Viele Menschen, die große und positive Dinge in unserer Welt verändert haben, waren oder sind Narzissten. Deswegen sollten wir Narzissten oder Menschen mit stark ausgeprägten narzisstischen Zügen nicht grundsätzlich aburteilen. Selbstverliebtheit gibt Überzeugungskraft. Sie gibt uns Kraft, für Dinge einzustehen, andere zu überzeugen oder Einfluss zu nehmen. Das ist nicht per se verkehrt.

Wie glücklich Narzissten sind, wissen nur sie selbst. Wenn der Narzissmus aber so ausgeprägt ist, dass jemand nicht in der Lange ist, Verständnis, Mitgefühl oder Akzeptanz für andere oder bestimmte Situationen aufbringen zu können, dann wird es schwierig. Dann fehlt ein wichtiger Baustein zu mehr Glück: Seine Erwartungen an die Umwelt werden so nur schwer mit der Realität zusammenfinden.

Wir sollten versuchen, uns situativ von narzisstischen Zügen zu befreien, denn sie stehen uns nur im Weg. Es geht nicht darum,

Selbstverliebtheit generell abzulegen. Um es auf den Punkt zu bringen: Wir sollten uns selbst mehr wertschätzen, aber weniger an uns denken.

Narzissten wollen stets, dass die anderen sich verändern. Sie sind viel öfter enttäuscht vom Verhalten anderer und machen gern auf Schwächen und Fehlverhalten aufmerksam. Wenn keine Besserung in Sicht ist, weil sie die Menschen oder Situationen nicht verändern können, dann brechen sie auf und verändern die Konstellation. Ihre Energie richtet sich nach außen, nicht nach innen. Wenn es nicht gut läuft, neigen Narzissten schneller dazu, den Partner, Freunde, den Job oder die Stadt zu wechseln. So sind es oft Narzissten, die häufig ihren Partner wechseln, wechselnde Freundschaften haben oder umziehen. Ihr fehlender Demut führt zu dem Bestreben, stets die Realität und andere verändern zu wollen, anstatt sich selbst zu hinterfragen oder Erwartungen anzupassen und damit Dinge in ihrer Andersheit zu akzeptieren. Das Leben mit einem Narzissten ist nicht einfach. Sätze wie »Du musst damit aufhören«, »Du musst dich verändern«, »Das ist eine Schwäche von dir«, »Ich bin enttäuscht, das hätte ich niemals erwartet«, »Du machst mich unglücklich« sind nicht selten in Beziehungskonstellationen mit einem Narzissten.

Den anderen so zu nehmen, wie er ist, sich auf die positiven Seiten zu konzentrieren, nicht immer nur alles am anderen optimieren zu wollen, sind nicht unbedingt Stärken eines Narzissten. Auch mal zu loben oder ehrliche Wertschätzung zu vermitteln, gilt es zu lernen. Unser Narzissmus sollte dem nicht unbewusst im Weg stehen.

Zeit

Im Alltagstrott vergessen wir mitunter, uns mit dem Tod und unserer begrenzten Lebenszeit auseinanderzusetzen. Dadurch schenken wir alltäglichen Dingen nicht die Beachtung, die sie verdienen, oder treffen wichtige Entscheidungen für unser Leben zu leichtfertig. Die Illusion, wir hätten unendlich viel Zeit, führt nicht selten dazu, dass wir Dinge gerne auf später verschieben. Wir nehmen uns vieles vor, etwa eine ausgedehnte Reise zu machen, mit dem Rauchen aufzuhören, mehr Sport zu treiben, ein neues Hobby zu beginnen, Kinder zu bekommen oder ein Haus zu bauen – und doch verschieben wir es immer wieder. »Die Reise mache ich, wenn ich genug Zeit und Geld habe«, »Das Haus baue ich, wenn ich Kinder bekomme«, »Mit dem Rauchen kann ich immer noch an Silvester aufhören«, »Wenn die Kinder groß sind, fange ich mit dem Malen an«, »Mehr Zeit verbringe ich mit meinen Eltern, wenn Weihnachten ist«, »Wenn der Stress erst einmal vorbei ist, werde ich mehr Sport treiben« Alles Ausreden, die das jeweilige Vorhaben in eine unbestimmte Zukunft verschieben. Was wir dabei häufig vergessen, ist, dass unser Leben ein kostbares Geschenk mit Ablaufdatum ist.

Gedanken über den Tod sind unangenehm. Sie machen uns Angst, sie bedrücken uns und deswegen verdrängen und unterbinden wir sie gern. Eine regelmäßige Auseinandersetzung mit dem Tod ist jedoch wichtig für unsere Weiterentwicklung und Veränderung, denn sie setzt unser Potenzial zur Veränderung unter Termindruck. Das kennt doch jeder: Man fängt erst kurz vor einer wichtigen Prüfung an zu lernen oder wird erst richtig produktiv, wenn im Job eine Deadline naht.

Wir alle wissen *eigentlich*, dass wir eines Tages sterben werden, und doch glaubt es niemand so richtig. Es findet nicht statt in unserem Leben, es sei denn, jemand, den wir kennen, stirbt. Dann rückt die eigene Endlichkeit mit einem Mal bedrohlich nahe.

Wer sich bewusst macht, dass ihm nur eine begrenzte Zeitspanne zur Verfügung steht, überdenkt eher seine Prioritäten und passt sie an. Er lebt bewusster, weil er weiß, dass die Gelegenheiten, gewisse Dinge zu tun, irgendwann vorbei sind. Damit will ich keine Angst schüren oder dich bedrücken. Ich möchte vielmehr deine Motivation wachkitzeln, endlich Prioritäten im Leben zu setzen und Dinge anzugehen, anstatt sie auf morgen oder irgendwann zu verschieben. Jede positive Veränderung ist wichtig und richtig, wenn wir glücklicher leben wollen. Hör deshalb *heute* mit dem Rauchen auf. Mach deine Reisepläne *sofort* und zieh *jetzt* die Sportklamotten an. Schenk deinen Liebsten *in diesem Moment* mehr Aufmerksamkeit. Ruf deine Eltern an, wenn du es nicht schaffst, sie zu besuchen. Sprich Dinge an, die dich beschäftigen. Lebe leidenschaftlich, sprich jemanden auf der Straße oder im Café an, obwohl du dich so etwas *eigentlich* nicht traust.

Den wichtigen Dingen im Leben die Dringlichkeit zu geben, die ihnen zusteht, ist von enormer Bedeutung. Die Endlichkeit unseres Lebens sollte uns keine Angst machen, sondern vielmehr Motivation und Antrieb dafür sein, die Zeit, die wir haben, glücklicher zu verbringen. Deswegen ist es wichtig, unser Potenzial voll auszuschöpfen. Das Ende unseres Lebens kann jederzeit kommen, und weil das so ist, sollten wir es nicht mit Belanglosem verschwenden.

Flow

Auf meiner Reise durch Nepal traf ich auf eine junge Frau aus Kanada, die gerade erst eine Schweige-Meditation in einem Ashram hinter sich gebracht hatte. Sie erzählte mir, dass sie in den letzten Jahren nur gearbeitet und sich kaum Ruhe gegönnt habe. Sie sei ausgebrannt gewesen, ihre Energiereserven aufgebraucht. Sie entschied, die erste Zeit in Indien in einem Ashram zu leben, um von ihrem stressigen Alltag herunterzukommen und abzuschalten. Sie erzählte mir, dass sie nicht wusste, worauf sie sich bei der sogenannten Stille-Therapie einließ. Während des Kurses war es nicht erlaubt zu kommunizieren, also weder reden noch Blickkontakt mit anderen. Die ersten Tage seien der Horror gewesen, bis sich plötzlich ein Zustand einstellte, der sie vorantrieb und ihr unglaublich viel Kraft und Zuversicht schenkte: ein Flow.

In einen Flow-Zustand können wir in ganz verschiedenen Situationen kommen: beim Meditieren, beim Schreiben oder Lesen, beim Sex, beim Malen, beim unbeschwerten Tanzen, beim Autofahren, beim Programmieren oder beim Sport. Flow ist unabhängig vom Inhalt und wird als ein Zustand beschrieben, in dem wir einer bestimmten Tätigkeit nachgehen, in der wir weder unterfordert (äußert sich in der Regel durch Langeweile und Desinteresse) noch überfordert (äußert sich meistens als Stress oder Angst) sind. Da wir in Sachen Ängstlichkeit, Stresslevel und Interesse alle so unterschiedlich sind, sind das Potenzial und die Ausgestaltung von Flow-Zuständen verschieden.

In der Glücksforschung ist der Flow ein ganz zentraler Begriff. Er wurde maßgeblich von dem Psychologieprofessor und Glücksforscher Mihály Csíkszentmihályi geprägt. Flow wird als ein mentaler Zustand verstanden, in welchem wir in völliger Vertiefung und Konzentration einer Tätigkeit nachgehen. Das klingt sehr theoretisch, aber jeder, der bereits einen Flow-Zustand erlebt hat, weiß, was gemeint ist. Das, was einen Flow ausmacht, zu verstehen, erachte ich als eines der wichtigsten und nützlichsten Weisheiten, um sein Leben nachhaltig glücklicher zu gestalten. Insbesondere auf situativer Ebene, also der Ebene, die unseren Alltag bestimmt, kann sich das Verständnis von Flow als hilfreich erweisen.

Wissenschaftlich erwiesen ist, dass wir uns unabhängig von der Tätigkeit im Zustand eines Flow als glücklich bezeichnen. Er erfüllt uns mit Zufriedenheit. Im Sinne des Buchs ist Flow äquivalent mit situativem Glück. Daher sollten wir unsere Aufmerksamkeit und Energie auf Dinge richten, die uns möglichst häufig in einen Flow-Zustand versetzen. Am besten täglich.

Auf meine Frage, was glücklich macht, haben mir viele Menschen im Grunde Flow-Zustände beschrieben. Wir tauchen ganz in eine Tätigkeit oder Situation ab, fühlen uns unbeobachtet, überprüfen nicht uns selbst. Wir nehmen die Außenwelt und uns selbst gar nicht richtig wahr. Wir sind fokussiert und völlig eins mit dem, was wir tun, und gehen darin auf. Warum wir im Flow-Zustand glücklich sind, lässt sich leicht mit der Übereinstimmung von Erwartungen und Realität in einer solchen Situation erklären. Ich denke, im Flow haben wir einfach keine Zeit und keine Ressourcen, um über unsere Erwartungen nachzudenken oder ihre Übereinstimmung mit der Realität zu kontrollieren. Die Systeme in unserem Gehirn, die dafür zuständig und aktiv sind, sind im Flow heruntergefahren beziehungsweise bekommen nicht ausreichend Energie. Wenn wir uns im Flow befinden, sind wir dermaßen auf eine Tätigkeit konzentriert, dass wir keine freien Kapazitäten haben, um über etwas anderes nachzudenken. Der Flow-Zustand lenkt uns in gewisser Weise also ab und richtet unsere Aufmerksamkeit weg von unseren Sorgen, Ängsten, Wünschen und unerfüllten Realitäten. Er deaktiviert unser Kontrollsystem, welches feststellen könnte, dass wir unglücklich sind: Wir vergessen unsere Alltagsprobleme, alles Störende fällt weg. Wenn wir im Flow sind, überlegen wir nicht, was andere über uns denken oder was für einen Eindruck wir machen. Wir denken auch nicht über unsere Ängste nach und was wir anders machen sollten oder nicht. Im Flow machen wir einfach! Wenn wir zum Beispiel Musik machen, fällt der Alltag von uns ab. Wir sind völlig auf das, was wir spielen, konzentriert. Störende Gedanken, unsere Umwelt, sogar Schmerzen können vollkommen ausgeblendet werden in so einem Zustand. Trotz hoher Anforderungen behalten wir bei einer Flow-Tätigkeit dennoch die volle Kontrolle – und das erfüllt uns mit Zufriedenheit.

Anders ist das, wenn wir unterfordert oder überfordert sind. Unser Gehirn schaltet dann die Kontrollsysteme wieder an, um zu sehen, ob wir etwas verändern können, um die Unter- beziehungsweise Überforderung zu umgehen. Wenn wir dieses System deaktivieren wollen, sollten wir versuchen, in einen Flow-Zustand zu kommen. Das heißt aber auch, dass wir uns vor Ablenkung aktiv schützen müssen, wenn wir in einen Flow kommen wollen. Werden wir in unserer Konzentration gestört, wird der Flow unterbrochen. Mein Tipp: Kapsle dich regelmäßig von der Außenwelt ab, gönn dir Auszeiten, um regelmäßig in den Flow zu kommen.

Ein Hindu-Mönch hat mir in diesem Zusammenhang von einem sehr nützlichen Modell erzählt. Bei diesem Modell wird das Wechseln von Aufmerksamkeit und Tätigkeiten energetisch sehr kritisch beleuchtet. Immer wenn wir Tätigkeiten wechseln oder unsere Aufmerksamkeit verändern, also zum Beispiel anstatt an diesem Buch weiterzuschreiben, anfangen auf Facebook herumzuhängen, dann ist das nichts anderes, als wenn wir von einem Ort zu einem anderen gelangen. Das kostet Energie. Also die reine Überbrückung beziehungsweise der Wechsel von einer Sache in die andere oder eben von einem Ort zum anderen verbraucht Energie, die uns an anderer Stelle fehlt. Der Flow hingegen ist ein andauernder Zustand, der uns in einer Tätigkeit gefangen hält. Das macht ihn auch energetisch sehr günstig.

Wenn wir uns abends erschöpft fühlen und unser Akku leer ist, hat das häufig damit zu tun, dass wir über den Tag hinweg zu oft die Tätigkeiten oder unsere Aufmerksamkeit gewechselt haben. Das Telefonklingeln unterbricht uns, Menschen kommen in unser Büro. Mitunter arbeiten wir an zehn verschiedenen Sachen gleichzeitig und verbauen uns damit die Möglichkeit, überhaupt in einen Flow zu kommen. Nach jeder Unterbrechung müssen wir uns neu eindenken in das, was wir gerade tun, und uns darauf einstellen.

Um Flow-Zustände als Beitrag zu einem glücklicheren Leben zu nutzen, sollten wir uns auf Tätigkeiten konzentrieren, die uns in diesen Zustand versetzen können. Es sollten Tätigkeiten sein, die uns Spaß machen und weder unter- noch überfordern. Im besten Fall sind es Dinge, die wir täglich oder wöchentlich für uns einplanen können. Deswegen mein Ratschlag: Setz dir Termine im Kalender, um einen Rhythmus zu etablieren, in dem du deinen Flow-Tätigkeiten nachgehen kannst. Sorg dafür, dass du dir die Zeit dafür regelmäßig nimmst und dich währenddessen nicht ablenken lässt.

Erwartungen

Erwartungen sind innere Einstellungen mit konkreten oder auch weniger konkreten Zielformulierungen, die nur wir selbst ehrlich und nützlich treffen beziehungsweise definieren können. Wichtig ist, dass wir unsere Erwartungen klar und greifbar für uns selbst definieren. Denn wenn wir nicht wissen, was wir erwarten, können wir auch nicht erkennen, ob unsere Erwartungen mit der

Realität übereinstimmen. Wir können kein Ziel verfolgen, das wir nicht kennen. Wir können kein Spiel gewinnen, wenn wir nicht wissen, wie wir zum Gewinner werden.

Es gibt grundsätzlich keine richtigen oder falschen Erwartungen. Wichtig sind nicht die Ausprägungen unserer Erwartungen, sondern dass wir unsere Erwartungen kennen und sie verstehen lernen. Welche Erwartungen wir haben, können wir nur selbst beantworten. Auch bewusst keine Erwartungen zu haben oder zu sagen »Ich muss noch herausfinden, was ich genau erwarte in einer bestimmten Sache« ist eine definierte Erwartung. Undefinierte, schwammig formulierte Erwartungen zu haben, ist im Hinblick auf ein möglichst glückliches Leben jedoch höchst kritisch zu betrachten. Denn wenn wir in der Formulierung unserer Erwartungen an unseren Alltag und unser Leben allzu vage bleiben, wird es schwierig, diese erfüllen zu können.

Viele Menschen tun sich schwer damit, ihre Erwartungen zu definieren. »Woher weiß ich, was richtig oder falsch für mich ist?«, eine Frage, die viele von uns herumtreibt, obwohl es wie schon gesagt gar nicht um Richtig oder Falsch geht.

Wenn wir Glück als Maxime wählen, dann wirken Erwartungen wie ein Kompass. Die Kunst besteht darin, unsere Erwartungen so zu definieren und anzupassen, dass wir eine Chance haben, mit ihnen glücklich zu sein oder zu werden. Unsere Erwartungen müssen also so gewählt sein, dass die Schnittmenge von Wunsch und Realität möglichst groß ist. Denn das bedeutet, dass wir glücklich sind. Es ist also nicht so wichtig welche Erwartungen wir haben, sondern dass wir welche haben. Das Leben ist lang genug, um sie auch mal wieder anzupassen.

In der Managementlehre existiert ein wunderbares Konzept, das sich sehr gut auf das Thema »Erwartungen« übertragen lässt: das Smart-Konzept, das beispielsweise im Projektmanagement als Kriterium zur eindeutigen Definition von Zielen herangezogen wird. Im Grunde sind Erwartungen gleichzusetzen mit Zielen, also Dingen, die wir erreichen wollen.

Spezifisch	Ziele sollten eindeutig definiert sein, also nicht vage, sondern so präzise wie möglich. Zu sagen »Ich wünsche mir die beste Lebenspartnerin der Welt« ist nicht spezifisch. Was heißt »beste« überhaupt? Worauf bezieht es sich? Die beste Köchin? Die beste Zuhörerin? Die Beste im Bett? Die Beste im Chillen? Die Verständnisvollste? Die Vertrauensvollste?
Messbar	Ziele sollten messbar sein. Zu sagen »Ich will reich sein« ist in der Form nicht messbar. Willst du reich an Erfahrung oder an Geld sein? Wie viel Geld muss man haben, um als reich zu gelten?
Akzeptiert	Ziele sollten von dir selbst akzeptiert sein. »Ich will Anwalt werden.« – Willst du das oder deine Eltern? Kommt diese Erwartung wirklich von dir, aus deinem Inneren und deinem Herzen, oder resultiert sie aus dem, was du glaubst, was andere von dir erwarten?
Realistisch	Ziele sollten umsetzbar sein. »Ich will, dass mein Partner sich verändert.« Ist das realistisch, wenn dein Partner sich nicht verändern kann oder will? Es gibt Erwartungen, die sehr schwer bis gar nicht zu erfüllen sind.
Terminiert	Zu jedem Ziel gehört eine klare Terminvorgabe, bis wann das Ziel erreicht sein sollte. »Irgendwann will ich mal eine Weltreise machen.« Ohne eine konkrete Deadline, sagst du das womöglich noch auf dem Sterbebett.

Wenn sich jemand über seine Erwartungen im Klaren ist, dann oftmals, weil diese smart sind. Es ist wichtig, dass sie diesen Kriterien entsprechen, wenn wir ein ehrliches Urteil darüber fällen wollen, ob sich unsere Realität mit unseren Erwartungen deckt.

Was viele Menschen vom Glücklichsein abhält, ist, dass sie ihre Erwartungen nicht nach ihrem Glück ausrichten. Sie richten sich vielmehr nach den Erwartungen anderer. Sie versuchen jemand zu sein, der sie schlichtweg nicht sind. Das beeinflusst ihre eigene Erwartungshaltung. Sie fokussieren sich auf Dinge, die sich nicht erreichen können oder die nicht ihren Wünschen entsprechen. Wenn wir kreativ sind und Freude daran haben, dies zum Ausdruck zu bringen, dann sollten wir nicht Investmentbanker werden oder bei einem Beratungsunternehmen anfangen, nur weil unsere Freunde diesen Weg einschlagen. Wenn wir daraus Kraft ziehen, Menschen zu helfen, und nicht besonders gut mit Druck umgehen können, sollten wir eventuell Kindergärtner werden und nicht Chefcontroller in einem großen Konzern.

In der Managementlehre spricht man von Stärkenfokussierung. Wenn wir möglichst glücklich sein wollen, also viele Momente und Situationen in Einklang mit unseren Erwartungen bringen möchten, dann müssen wir verstehen und akzeptieren, wo unsere Stärken und wo unsere Schwächen liegen. Wir müssen aufhören, jemand sein zu wollen, der wir nicht sind. Wir müssen lernen, derjenige zu sein, der wir sind, und Gelassenheit finden, um unsere Erwartungen umzusetzen.

Wie verhält es sich mit zu hohen Erwartungen? Sie tragen die Gefahr in sich, zu Situationen zu führen, die uns unglücklich machen, weil sie schwer oder unerfüllbar sind. Dennoch können hohe Erwartungen sehr motivierend auf uns wirken. Auf lange Sicht können sie sogar dazu führen, dass wir bessere Erfolge erzielen und langfristig unseren hohen Anforderungen an uns selbst und unser Leben gerecht werden. Wer auf lange Sicht glücklich sein möchte, muss bereit sein zu investieren und auch mal Perioden durchstehen, in denen die eigenen Erwartungen nicht erfüllt werden.

Wer Glück auf einem sehr hohen Niveau anstrebt, sollte sich hohe Erwartungen setzen. Dabei sollte aber nicht aus den Augen verloren werden, dass damit ein höheres Risiko verbunden ist. Hier herrscht quasi ein Risiko-Rendite-Prinzip, um den Managementjargon wieder zu bemühen. Wer nicht so risikobereit ist, sollte sich geringere Erwartungen setzen, wie zum Beispiel Fußballer in der Kreisliga statt in der Bundesliga zu werden oder statt einer Weltreise einen zweiwöchigen Cluburlaub unternehmen. Wie risikobereit wir sind, hängt auch damit zusammen, wie gut wir darin sind, unsere Erwartungen anzupassen. Menschen, die ihre Erwartungen schnell anpassen beziehungsweise herunterschrauben können, brauchen keine Angst vor zu hohen Erwartungen zu haben. Wenn sich ihre Realität nicht mit ihren Erwartungen deckt, geht für sie nicht die Welt unter. Sie passen ihre Ziele und Erwartungen einfach wieder an die Realität an oder erzeugen einen neuen Kontext. Sie haben keine Angst davor, etwas nicht zu erreichen. Niederlagen oder

Rückschläge fallen nicht so schwer ins Gewicht, weil sie nicht ausgeschlossen, sondern akzeptiert werden.

Wer also seine Erwartungen anpassen kann, hat weniger Angst vor Fehlern und Niederlagen und damit auch keine Angst vor der Realität. Wenn wir lernen, unsere Erwartungen anzupassen, dann haben wir auch die Chance, Glück langfristig zu erleben. Aus dem einfachen Grund, weil wir uns mehr Dinge zutrauen und Herausforderungen angehen. Wer gar nicht versucht, Profi-Fußballer zu werden, der wird es auch nicht in die Profi-Liga schaffen.

Wenn es darum geht, seine Erwartungen im Leben zu definieren, dann legen wir betriebswirtschaftlich gesagt eine Kontostruktur fest. Oft stellen Menschen fest, dass sie überhaupt nicht wissen, was sie erwarten und sich wünschen. Doch wie sollen wir ein Ziel erreichen, wenn wir es nicht feststecken? Wie sollen wir irgendwo ankommen, ohne zu wissen, wo? Wie sollen Erwartungen und Realität in Einklang gebracht werden, wenn gar keine Erwartungen definiert sind, um sie damit abzugleichen? Viele Menschen sind unglücklich, weil sie nicht wissen, was sie zum Glücklichsein brauchen. Sie sind sich ihrer Erwartungshaltung nicht bewusst.

Management funktioniert ohne klare und möglichst smarte Ziele nicht. Ohne definierte Erwartungen beziehungsweise Ziele machen wir uns den Weg zum Glück unnötig schwer. Das Ganze klingt so banal. Aber ich habe festgestellt, dass viele Menschen nicht wissen, was sie im Leben wollen. Sie haben weder Erwartungen noch eine Perspektive. Darüber nachzudenken und die eigenen Erkenntnisse aufzuschreiben bringt Klarheit, Konstanz und Orientierung für den Weg zu einem glücklicheren Leben.

Unser oberstes Ziel ist es, ein möglichst glückliches Leben zu führen. Um dies zu erreichen, müssen wir vor allem unglückliche Momente vermeiden oder reduzieren. Dazu müssen wir definieren, was uns unglücklich macht. Um dies systematisch zu tun, müssen wir uns Zeit zur Reflexion nehmen. Am effizientesten reflektieren wir, wenn wir systematisch unsere Erwartungen, Träume und Wünsche pro Lebensbereich mit der Realität vergleichen und schauen, wo keine Übereinstimmungen vorliegen. Das kann geschehen, indem wir uns fragen, was wir von uns selbst, von unserem Partner, von unseren Freunden, von unserem Job, von unserem Leben im Allgemeinen erwarten. Das Ergebnis dieser Reflexion sollten vor allem smarte Erwartungen sein. Auf Basis dieser Erwartungen wiederum können wir feststellen, ob wir diese bereits erfüllt haben und uns als glücklich bezeichnen können, oder ob es Lebensbereiche gibt, in denen eine Schieflage existiert. Das sind jene Bereiche, in denen Glückspotenzial vorherrscht, das wir nur noch nutzen müssen.

3. Der Managing-Happiness-Prozess

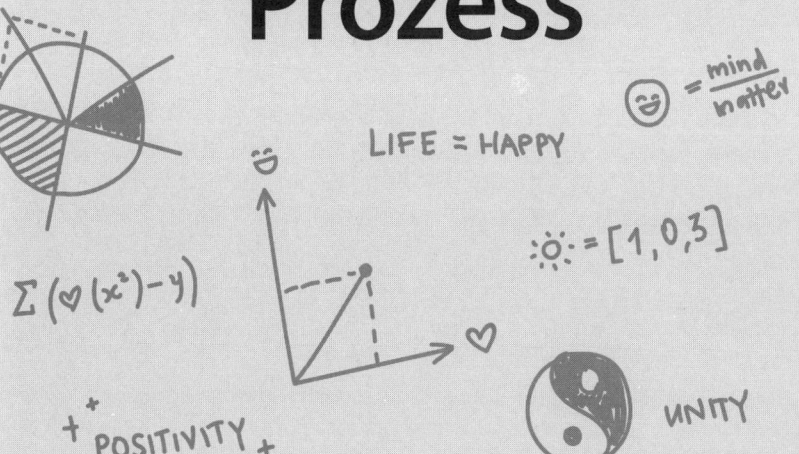

Unser Weg zu einem glücklicheren Leben sollte uns möglichst wenig Zeit und Energie kosten. Daher ergibt es Sinn, einen einfachen und leicht umsetzbaren Prozess dafür zu definieren. Prozesse sind geregelte, in Verfahrensschritte zerlegbare, nachvollziehbare und wiederholbare Abläufe. Für unseren Weg zu einem glücklicheren Leben können wir im Grunde drei fundamentale Prozessschritte festlegen:

1. **Analyse.** Das Ergebnis dieser Analyse ist eine bewusste Identifikation der Lebensbereiche, in denen wir unglücklich sind und etwas verändern sollten. Durch Reflexion lernen wir, welches unsere Ziele, Erwartungen und Wünsche in dem jeweiligen Lebensbereich sind. Das ist wichtig, um zu erkennen, wo die Realität sich nicht mit unseren Erwartungen und Wünschen deckt, situativ wie auch bilanzierend. Das heißt, dieser erste Prozessschritt hilft uns, ein klares Verständnis über die Diskrepanzen zwischen unseren Erwartungen und der Realität zu entwickeln – und, um schon einen Schritt vorauszudenken, auch darüber, was zu Ab- und Zubuchungen auf unseren Glückskonten führt.

2. **Strategie.** Auf Basis der in Prozessschritt 1 gewonnenen Erkenntnisse müssen wir uns jetzt für Strategien und Maßnahmen entscheiden, die uns helfen, ein glücklicheres Leben zu führen. Hier kommen die bereits beschriebenen drei grundlegenden Strategien in Spiel, um die Schieflage zwischen Erwartungen und Realität zu beheben.

3. **Umsetzung.** Auf Basis der passenden Strategie müssen wir nun die dazugehörigen Maßnahmen in die Realität umsetzen. Wir können uns vieles in unserem Leben vornehmen, aber die Kunst besteht darin, diesen Gedanken Taten folgen zu lassen. Es geht darum, etwas zu verändern.

Diese drei Prozessschritte müssen wir verinnerlichen, um zielgerichtet unser Glück zu managen und glücklicher werden zu können, das gilt für situatives ebenso wie für bilanzierendes Glück. Wir müssen zuerst unsere Situation analysieren, dann die richtige Strategie festlegen und zuletzt die entsprechenden Maßnahmen ergreifen. Was das im Detail heißt, erkläre ich im Folgenden.

Analyse

Wenn es darum geht, Dinge zu verändern, müssen wir zuerst verstehen, was wir überhaupt verändern wollen. Ohne klar gesetzte Ziele können wir keine Ergebnisse erzielen oder Veränderungen bewirken. Deswegen ist es so wichtig, dass wir uns regelmäßig Zeit zur Reflexion nehmen. Wir können uns nur selbst verstehen, wenn wir uns regelmäßig mit uns selbst beschäftigen. Die Reflexion umfasst zwei wesentliche Punkte. Wir müssen verstehen,

➤ welches unsere Ziele, Erwartungen und Wünsche sind,

➤ wo sich die Realität nicht mit unseren Erwartungen und Wünschen deckt und wir etwas verändern müssen.

Glücksdaten sammeln

Menschen sind vergesslich, was das Glücksempfinden und das damit einhergehende Urteil darüber, ob sie glücklich oder unglücklich sind, angeht. Das erschwert die Analyse oftmals, da es für eine saubere Reflexion vorteilhaft ist, wenn Erinnerungen nicht eingetrübt sind. Das gilt insbesondere für langfristiges, bilanzierendes Glück. Situative Glücksurteile spiegeln meist eine kurze Periode wider. Entsprechend wirkt sich das Vergessen über das, was und wie wir es erlebt haben, nicht so schlimm aus.

Um ein bilanzierendes Glücksurteil zu fällen und Klarheit zu erlangen, in welchen Lebensbereichen wir noch glücklicher werden können, müssen wir zuerst eine saubere Übersicht über unser situatives Glück erstellen. Auf den Punkt gebracht: Wir müssen »Glücksdaten« sammeln, die für unsere Reflexion bedeutend sind, denn diese Daten geben Aufschluss über die Ab- und Zubuchungen auf unsere Glückskonten. Wenn wir dies versäumen, können wir keine Bilanz über unser Glück erstellen beziehungsweise sinnvoll und nützlich auszuwerten. Stattdessen wird unsere Reflexion von unseren situativen Erlebnissen und momentanen Launen abhängen, die kein reales Abbild unseres bilanzierenden Glückszustands nachzeichnen können.

Daten sammeln – das klingt irgendwie seltsam im Zusammenhang mit einem solch spirituellen Thema, wie es Glück nun einmal ist. Doch ich verspreche dir, wenn du anfängst, Glücksdaten zu sammeln, dann wirst du eines der kostbarsten Rituale in deinem Alltag etablieren, um ein glücklicheres Leben zu führen. Glücksdaten sammeln ist wie Buchhaltung machen und Glücksdaten zu sammeln ist kinderleicht:

1. Schreib auf, wenn du unglücklich bist.

2. Schreib auf, wenn du glücklich bist.

Tu dies, wenn du entsprechende Momente erlebst, und/oder einmal am Tag als eine Art Zusammenfassung und Ritual.

Ich persönlich schließe meinen Tag damit ab, abends im Bett meine Glücks- und Unglücksmomente des jeweiligen Tages in kurzen Stichpunkten zu notieren. Es ist mein Ritual, mir mein Smartphone zu schnappen und mir zwei bis fünf Minuten dafür Zeit zu nehmen. Zuerst mache ich mir Gedanken darüber, was mich unglücklich gemacht hat, weil diese Situationen ausschlaggebend sind, um in der Folge Veränderungen herbeizuführen. Im zweiten Schritt erinnere ich mich daran, was mich im Laufe des Tages, glücklich gemacht hat. Das ist wichtig, um mit einem guten Gefühl schlafen zu gehen und die Welt nicht allzu schwarz zu sehen.

Sich gar nicht auf das zu konzentrieren oder gar zu verdrängen, was uns unglücklich macht, ist keine Lösung. Wir sollten vielmehr anerkennen, dass die Auseinandersetzung mit dem Unglück eine Investition in uns selbst ist. Denn sie führt dazu, dass wir in erster Linie viel über uns selbst erfahren, verstehen lernen, was uns unglücklich macht, um darauf aufbauend in Zukunft weniger Unglück zu erfahren. Denn wer die unglücklichen Momente seines Lebens reflektiert, kann daran arbeiten, diese zu vermeiden beziehungsweise zu verändern.

Oft übersehen wir aber, wie glücklich wir sind, weil wir uns zu sehr auf das Unglück konzentrieren. Dann trübt dieser Fokus auf das Schlechte unseren Blick und das wiederum wirkt sich negativ auf unser allgemeines Wohlbefinden aus. Allerdings sollten wir bei den Dingen, die uns glücklich machen sollen, im Rahmen unserer Möglichkeiten bleiben. Manchmal erwarten wir Dinge, die schlichtweg nicht möglich sind oder nur langfristig realisiert werden können. Wenn wir daran unser ganzes Glücksempfinden knüpfen, laufen wir Gefahr, uns selbst im Weg zu stehen und unglücklich zu sein.

Beispiel einer Glücksdatensammlung

Montag

Was hat mich heute un-/glücklich gemacht?

Unglückliche Momente

- viel zu emotional reagiert, weil Wäsche nicht gemacht
- zu viel Sorgen gemacht um Person X
- total überfressen
- geraucht, obwohl ich aufgehört habe
- Person Y hat mich total vollgequatscht

Glückliche Momente

- Buch gelesen, das mich weitergebracht hat
- morgens meditiert
- endlich »Nein« gesagt zu Terminanfragen, weil zu viel Stress im Moment
- tollen Sex gehabt
- laufen gewesen
- Komplimente vergeben, die andere sehr gefreut haben

An einem Tag kann viel passieren, doch alles aufzuschreiben ist nicht ratsam. Denn je mehr Daten wir sammeln, desto schwerer gestaltet sich die Analyse. Das bedeutet, die Datenqualität ist das A und O. Ich beispielsweise konzentriere mich auf Dinge, die ich zu ändern beabsichtige oder die ich gerne regelmäßig in meinem Alltag etablieren möchte. Es gibt hier aber keine eiserne Regel! Schreib lieber anfangs ein paar Sachen mehr auf. Mit der Zeit wirst du schon herausfinden, welche Daten für dich nützlich sind. Das Sammeln von Glücksdaten ist wie eine ordentliche Buchhaltung zu führen und sie hilft uns vor allem auch unser bilanziertes Glück zu verstehen und nicht nur von unserem kurzfristigen situativen Glück geleitet zu sein.

Glücksdaten analysieren

Sieh dir einmal im Monat bewusst deine Glücksdatensammlung an. Vereinbare dazu am besten jeden Monat einen Termin mit dir selbst und trag ihn verbindlich in deinen Kalender ein. Nimm dir mindestens eine halbe Stunde Zeit dafür (maximal brauchst du anfangs zwei Stunden), das sollte bei jedem noch so vollen Terminkalender machbar sein. Denk daran: Diese Zeit ist es wert. Immerhin ist es eine Investition in das Kostbarste, das du haben kannst – ein glückliches Leben! Wenn du regelmäßig Glücksdaten sammelst und analysierst, brauchst du nach einer Weile gar nicht mehr so viel Zeit aufzubringen. In dieser monatlichen Reflexion gehst du die gesammelten Daten durch und liest, was du in den letzten 30 Tagen aufgeschrieben hast. Zum einen wirst du feststellen, wie viele dieser Dinge du bereits total vergessen hast. Am wichtigsten aber ist, dass diese Liste dir klar vor Augen führt, was dich glücklich beziehungsweise unglücklich gemacht hat in diesem Zeitraum. Nur wenn du weißt, was dich wann und wie unglücklich macht, kannst du reagieren und etwas zum Positiven hin verändern. Deine Erwartungen werden klarer und du erkennst, in welchen Bereichen deines Lebens Handlungsbedarf besteht.

Rituale sind wichtig für unser Leben, ich habe es bereits erwähnt. Etablierte Alltagsrituale sind oft das Fundament für Veränderung und Verbesserung, aber gleichsam können sie auch die größte Hürde dafür sein. Rituale zu etablieren erfordert jedoch Disziplin und vor allem Einfachheit. Rituale, die einfach sind, sind viel leichter und vor allem nachhaltiger zu etablieren als komplexe und zeitaufwendige. Eine Stunde am Tag zu meditieren ist viel schwieriger zu etablieren, als sich zwei Minuten Zeit für Reflexion zu nehmen. Oft trennen uns aber genau diese von einem glücklicheren Leben. Manchmal gibt es eben mit nur 20 % Einsatz, 80 % mehr Glück. Zwei Minuten am Tag können viel bewegen.

Glückskonten erstellen

Glückskonten sind Werkzeuge zur Vereinfachung der Glücksanalyse beziehungsweise Reflexion. Indem wir unser Leben in unterschiedliche Bereiche einteilen, wie zum Beispiel Ich, Gesundheit, Familie, Partnerschaft oder Arbeit, kommt etwas mehr Ordnung in die Analyse. Zudem helfen Glückskonten, bei der Glücksdatensammlung systematischer vorzugehen und keinen wichtigen Bereich unseres Lebens außer Acht zu lassen. Sie sind wie Buchhaltungskonten.

> **Meine derzeitigen Glückskonten und deren Mission**
>
> ➤ Ich – mein Geist, mit der Mission, mich selbst zu lieben
>
> ➤ Ich – mein Körper, mit der Mission, möglichst gesund zu sein
>
> ➤ Partnerschaft, mit der Mission, dass beide mit der Beziehung glücklicher sind als ohne sie
>
> ➤ Familie, mit der Mission, eine intakte Beziehung zu allen Familienmitgliedern zu pflegen
>
> ➤ Freunde, mit der Mission, zu geben und zu nehmen und schöne Momente zu teilen
>
> ➤ Beruf, mit der Mission, meiner Passion nachzugehen und die Gesellschaft positiv zu verändern
>
> ➤ Hobbys, mit der Mission, Tätigkeiten nachzugehen, die bei mir einen Flow erzeugen und mir schöne Momente bescheren
>
> ➤ Sonstiges – dieses Glückskonto umfasst alles, was sonst nirgends so richtig hineinpasst, wie zum Beispiel Urlaub oder Essen mit der Mission, das Leben in all seinen Facetten zu genießen

Bei der Wahl der Konten bist du völlig frei – sie sind so individuell wie das Leben selbst. Auch können sie sich von einem Lebensabschnitt zum anderen verändern. Ich habe beispielsweise kein Glückskonto »Kinder«, weil ich noch keine habe. Aber das kann ja noch kommen. Spielt für dich eher noch die Ausbildung oder das Studium eine große Rolle, ist es sinnvoll, dafür ein eigenes Glückskonto zu definieren.

Keine Sorge, du musst nicht jeden Tag in jedem Glückskonto Einträge haben! Die Kategorisierung dient lediglich dazu, systematisch jeden Lebensbereich zu beobachten und zu überwachen, in dem du auf lange Sicht etwas verändern möchtest. Überleg dir bei der Definition deiner Glückskonten, wo dies bei dir der Fall ist.

Pro Glückskonto werden folgende Aspekte definiert:

➤ **Mission:** Was soll in diesem Lebensbereich letzten Endes erreicht werden?

➤ **Erwartungen:** Welche Erwartungen gibt es in diesem Lebensbereich?

➤ **Maßnahmen:** Was soll konkret verändert werden, um glücklicher zu werden? Diese Maßnahmen resultieren aus der jeweils gewählten Strategie, um in diesem Lebensbereich Veränderungen herbeizuführen.

Das folgende Beispiel zeigt meine Glückskonten für meine Gesundheit, Partner, Familie und Freunde.

Glückskonto	Mission	Erwartungen	Maßnahmen
Ich – Mein Körper	Möglichst gesund sein	Trainierter und schlanker Körper Bewusste, vielfältige und gesunde Ernährung für das Wohlbefinden (3 Mahlzeiten, Abends keine Kohlenhydrate, gute Zutaten, nicht zu viel Fleisch, Fisch, wenig Zucker, primär Wasser) Entspannung und Abschalten durch Natur, Sport, Malen, Bücher lesen, Geselligkeit, Kultur Freihalten von unnötigen Süchten (Rauchen, Kiffen, regelmäßigem Alkohol)	Nicht mehr rauchen Nur 2-mal die Woche Fleisch Essen, um mehr Energie zu haben Nur am Wochenende Alkohol trinken (unter der Woche muss man klar sein) Unter der Woche bedacht aufstehen und ins Bett gehen Musik 1min Yoga, 2 Kraftübungen Duschen Bewusst essen

Glückskonten interpretieren

Glückskonten funktionieren im Grunde wie normale Bank- oder Buchhaltungskonten. Sie haben einen Kontostand, und in glücklichen Momenten zahlen wir etwas darauf ein und in unglücklichen Momenten heben wir etwas ab. Glück ist natürlich schwer in Zahlen zu fassen, und ich denke, dass der Versuch zum Scheitern verurteilt ist. Einzelne Glücksmomente sind schwer zu quantifizieren. Darum geht es aber auch nicht, sondern es geht vielmehr darum, dass wir möglichst vielen Datenpunkte sammeln, die uns eine qualitative Aussage treffen lassen, ob es eine Notwendigkeit für Veränderung gibt und ein lohnenswertes Potenzial, glücklicher zu werden. Es geht darum, dass wir unsere Entscheidung möglichst unabhängig von einer Laune machen, sondern auch Zugriff auf die Historie unseres Glücks erhalten.

Stell dir vor, es ist Freitagnachmittag und du sitzt noch im Büro. Die gesamte Woche hast du damit zugebracht, einen ausführlichen Bericht zu schreiben und alles, was dein Vorgesetzter dazu zu sagen hat, ist: »Nein, das ist Mist, noch mal machen. Abgabe in drei Tagen!« Diese Rückmeldung ist weder anerkennend noch empathisch oder konstruktiv. Diesen Moment situativen Unglücks verbuchst du mit einem Negativbetrag auf deinem Glückskonto »Arbeit« mit dem Buchungstext »Chef war ein Nörgler«. Zehn Minuten später kommt deine geschätzte Kollegin Tanja herein und sagt mit einem Lächeln auf den Lippen: »Ich hab dir ein Stück Schokoladenkuchen mitgebracht, weil ich doch weiß, wie gerne du Schokokuchen naschst.« Dieser Moment situativen Glücks wird ebenfalls auf das Konto »Arbeit« gebucht, und zwar mit einem Positivbetrag und dem Buchungstext »Der Kuchen von Tanja war mal wieder göttlich!«. Alle Ab- und Zubuchungen des Glückskontos »Arbeit« ergeben einen Kontostand, der ausdrückt, wie glücklich oder unglücklich du mit deinem Arbeitsleben bist. Du stellst fest: Dein situatives Glücksbarometer hatte an diesem Tag große Ausschläge nach oben und unten, aber unter dem Strich war es ein halbwegs guter Monat.

Das gilt generell für die Glückskonten: Stellen wir das Gute und das Schlechte, was uns widerfährt, gegenüber, kann es passieren, dass das Negative gar nicht mehr so ins Gewicht fällt. Wenn wir alle Ereignisse eines Tages im Zusammenhang betrachten, schaffen wir es vielleicht, dem Ganzen eine Bedeutung zu geben, die sich positiv auf unser Wohlbefinden auswirkt. Über einen bestimmten Zeitraum hinweg können wir dann eine Bilanz erstellen. Indem wir unseren Kontostand betrachten, finden wir heraus, ob wir glücklich sind. Wenn der Partner momentan schlechte Laune hat oder seinen Kram nicht aufräumt und uns damit situativ unglücklich macht, muss die ganze Partnerschaft nicht gleich eine unglückliche sein. Es ergibt sich zwar eine Abbuchung auf dem Konto »Partnerschaft«, aber das belastet nicht sofort den gesamten Kontostand oder bringt uns ins Minus. Es ist wichtig, diese Differenzierung zu verstehen. Situatives Unglück heißt nicht gleich grundsätzliches Unglück!

Wir müssen lernen, die Kontostände zu überwachen, um uns von situativen Ein- und Auszahlungen nicht in die Irre führen zu lassen. Die wenigsten Menschen können ein fundamentiertes Urteil über ihr Glück ad hoc fällen. Sie ziehen womöglich falsche Schlüsse, weil ihnen der Blick für das große Ganze fehlt. Wer mit Glückskonten arbeitet, ist eher in der Lage, basierend auf dem Kontostand ein klareres Urteil zu fällen.

Wenn wir glücklicher werden wollen, sollten wir demnach Abbuchungen auf unseren Glückskonten möglichst verhindern. Dabei ist es essenziell zu verstehen, wie sie zustande kommen:

Wann sind wir unglücklich? Was macht uns unglücklich? Was führt dazu, dass wir Abbuchungen auf unseren Glückskonten haben? Am besten lässt sich dies erkunden, indem wir systematisch unsere Erwartungen, Träume und Wünsche in jedem beobachteten Lebensbereich mit der Realität abgleichen. Wo gibt es keine Übereinstimmung?

Prioritäten setzen
Unsere Lebenszeit ist limitiert, wir haben nicht unendlich viel Zeit, Dinge zu tun oder zu verändern – und schon gar nicht können wir alles auf einmal verändern. Daher ist es essenziell, Prioritäten zu setzen. Teil deiner Reflexion sollte also sein, Prioritäten für dein alltägliches Leben festzulegen. Auch dabei helfen die definierten Glückskonten. In Anschluss an die bisherige Aufteilung in verschiedene Lebensbereiche, könnte eine Prioritätenliste wie folgt aussehen:

Meine derzeitigen Glückskonten und deren Gewichtung

1. Ich – mein Geist

2. Ich – mein Körper

3. Partner

4. Familie

5. Freunde

6. Beruf

7. Hobbys

8. Sonstiges

Viele Leute haben Hemmungen, sich selbst als oberste Priorität zu nennen. Ich möchte Menschen dazu ermutigen, dies zu tun, auch weil es in *Managing Happiness* um individuelles Glück geht. Es ist schwer, Partner, Freunde oder Familie glücklich zu machen, wenn wir uns selbst nicht lieben. Wenn wir unser Glück von anderen abhängig machen, anstatt auf uns selbst zu bauen, laufen wir immer Gefahr, uns auszubeuten. Das sollten wir tunlichst vermeiden. Wenn wir lernen wollen, wie wir unser Glück selbst beeinflussen können, dann müssen wir zuerst verstehen lernen, dass Glück vor allem auch von innen und aus uns selbst kommt.

Prioritäten müssen aber nicht analog zu den vorher definierten Lebensbereichen beziehungsweise Glückskonten gesetzt werden. Du kannst auch einzelne Personen oder Tiere hinzufügen. Ich bin allerdings der Meinung, dass alles, was im Leben Priorität hat, auch ein Glückskonto verdient. Prioritäten helfen uns, uns auf das zu konzentrieren, was wirklich wichtig ist und geben uns im Zweifel auch Orientierung und Halt, Dinge in unserem Leben richtig zu gewichten, um unser Lebensglück zu verbessern. Der Alltag hält viele Möglichkeiten für uns bereit. Klare Prioritäten helfen uns, Entscheidungen besser und leichter zu treffen.

Lebensziele

Die folgende Übung hilft dir dabei, die Dinge klarer zu sehen und dir bewusst zu machen, was du im Leben – oder in einer bestimmten Zeitspanne – noch erreichen willst. Du definierst so deine wichtigsten Lebensziele.

Stell dir vor, du hättest noch wenige Jahr zu leben. Schreib jetzt Dinge auf, die du in dieser kurzen Zeit auf der Erde noch tun möchtest. Es dürfen auch mehr oder weniger sein. Wichtig ist nur, dass du dir darüber intensiv Gedanken machst. Die Liste kann auch eine gewisse Priorität haben.

So könnte deine Liste beispielsweise aussehen:

1. Reise nach Burma

2. Tauchen lernen

3. Ein Buch schreiben

4. Einen Marathon laufen

5. Fallschirmsprung

6. Kinder bekommen

7. Haus an einem See bauen

8. Studium beenden

9. Eigenes Auto kaufen

10. Glücksrituale etablieren inklusive täglicher Reflexion und monatlicher Strategie

Diese Dinge können dir als Hauptziele für dein verbleibendes Leben dienen. Bitte hab keine Angst, dich festzulegen. Du kannst und sollst diese Dinge mit jeder Reflexion durchdenken und überarbeiten – und natürlich darfst du sie auch verändern.

Die Top-Lebensziele sollten handfeste Ziele sein, die du erreichen möchtest. Was ich mit »handfest« meine? Du solltest Lebensziele definieren, hinter die du irgendwann einen Haken setzen und über die du mit Stolz sagen kannst: »Ich habe mir das vorgenommen und habe es auch erreicht.«

Menschen, die einst voller Motivation und Tatkraft waren, verlieren sich, weil sie aufgehört oder verlernt haben, sich Lebensziele zu setzen. Die Gründe dafür sind vielseitig. Manche hatten nie diesen Fokus, weil sie sich der Bedeutung nicht bewusst oder schlicht und ergreifend zu faul waren. Andere meinen zu wissen, dass es im Leben um andere Dinge geht als Glück. Der wahrscheinlich häufigste Grund aber ist die Angst davor, gesteckte Ziele nicht zu erreichen. Doch bei den Lebenszielen geht es nicht darum, alles zu erreichen. Wichtig ist vor allem, Ziele zu haben, die Fokus und Orientierung im Leben geben. Lebensziele motivieren und treiben an, die eigenen Erwartung wahr werden zu lassen. Und das kann verdammt viel Spaß machen!

Es sind kleine Rituale oder Werkzeuge wie die tägliche Glücksdatensammlung, das Definieren von Glückskonten, den dazugehörigen Missionen und Erwartungen sowie das Setzen von

Prioritäten und Lebenszielen, die uns dabei unterstützen können, glücklicher zu werden.

Strategie

Wenn wir unsere Hausaufgaben im Bereich der Analyse durch Reflexion erledigt haben, dann haben wir jetzt ein viel besseres Verständnis darüber, welches unsere Erwartungen pro Lebensbereich sind und wie weit wir davon in der Realität entfernt sind. Wir wissen, was uns situativ glücklich und unglücklich macht, und wir haben ein Überblick darüber, in welchen Lebensbereichen es noch nicht so ist, wie wir es uns eigentlich wünschen. Wir haben also Verbesserungspotenziale identifiziert. Das allein reicht aber nicht aus, um glücklicher zu werden. Letztlich müssen wir dafür etwas an unserer Situation verändern. Aber was und wie, ist eine Frage der Strategie.

Wenn wir ständig von dem Gerede unseres Partners genervt sind oder davon, dass wir zu wenig Geld verdienen, nicht genug Zeit haben, uns in unserem Körper nicht wohlfühlen oder keinen Partner haben, dann sind das alles Anlässe zur Veränderung. In ihnen steckt Potenzial für mehr Glück, das wir mithilfe einer Strategie, die uns die richtigen Maßnahmen an die Hand gibt, ausschöpfen können.

Stell dir vor, es macht dich unglücklich, einen Vorgesetzen zu haben, den du aus unterschiedlichsten Gründen nicht respektieren kannst. Das ist ein Indiz dafür, dass du dir wünschst, mit einem Chef zusammenzuarbeiten, der deinen Respekt verdient. In diesem Fall hast du drei Optionen beziehungsweise Strategien, um deine Situation zum Positiven hin zu verändern:

1. Verändere deine Erwartungen gegenüber deinem Chef, indem du ihn so akzeptierst, wie er ist.

2. Verändere die Realität, indem du deinen Chef deinen Erwartungen entsprechend veränderst.

3. Verändere die Konstellation, indem du dir einen neuen Job und damit auch einen neuen Chef suchst.

Jeder von uns hat eine gewisse Präferenz, welche Strategie er in der vorgegebenen Situation anwenden will, um besser mit Glücksherausforderungen umzugehen. Manchen fehlt es zum Beispiel an Mut, den Job zu wechseln, den anderen an Selbstbewusstsein, dem Chef einen Denkzettel zu verpassen, damit er sich verändert. Wieder anderen mangelt es an Weisheit oder Demut, den Chef so zu akzeptieren, wie er ist. Im Folgenden werde ich mich mit den drei Strategien im Detail auseinandersetzen und auch damit, wo Stolpersteine liegen im Hinblick darauf, die richtige Strategie für eine bestimmte Situation auszuwählen und als Chance zur Veränderung zu nutzen.

Strategie 1: Erwartungen verändern

Wenn es unser Ziel ist, glücklicher zu sein, und unser Glück maßgeblich davon abhängt, inwiefern unsere Erwartungen mit der Realität übereinstimmen, dann ist es die wohl mächtigste Option, wenn wir unsere eigenen Erwartungen steuern und kontrollieren. Wenn wir lernen, unsere Erwartungen an die Realität anzupassen, kann uns nur sehr wenig unglücklich machen beziehungsweise uns auf unserem Weg zu einem möglichst glücklichen Leben in die Quere kommen.

Wie viel entspannter wäre unser Leben, wenn wir einfach akzeptieren, dass unser Mitbewohner ein anderes Ordnungsempfinden hat als wir oder dass Buletten eine prima Alternative zum Schnitzel sind. Wie viel optimistischer wäre es, wenn wir, statt im Liebeskummer zu versinken, uns auf den neuen, vor uns liegenden Lebensabschnitt freuten? Nichts spricht gegen eine Trauerphase nach einer Trennung, sie sollte nur nicht unnötig in die Länge gezogen werden. Wie viel mehr Spaß würde es machen, zur Arbeit zu gehen, wenn wir die positiven Seiten unseres Vorgesetzten wertschätzen lernten, statt uns immer aufs Negative zu fokussieren? Wäre unser Leben nicht viel glücklicher?

Unsere Erwartungen zu verändern und anzupassen an die Realität basiert auf der Kunst der Gedankensteuerung. Das Thema wurde bereits ausführlich in Kapitel 2 erörtert: Wenn uns gewisse Eigenschaften unseres Vorgesetzten stören, können wir lernen, diese zu akzeptieren. Dem liegt ein Verständnis für seine Persönlichkeit und sein Wesen zugrunde, das uns eine Erklärung dafür liefert, warum er so ist, wie er ist. Wenn wir zudem noch in der Lage sind, unsere Aufmerksamkeit auf seine positiven statt auf seine negativen Seiten zu richten, kommen wir der Akzeptanz schon sehr nahe.

Anders als für die Realität gibt es für unsere Erwartungen nur einen einzigen Verantwortlichen: uns selbst. Wir können niemanden zwingen, sich zu verändern, wenn derjenige es nicht will. Wir können aus keiner Gefängniszelle entfliehen, aus der es keinen Ausweg gibt, und wir können niemanden zwingen, uns zu lieben.

Was aber immer möglich ist: Wir können stets an uns selbst arbeiten, das heißt unsere Gedanken kritisch hinterfragen, unsere Aufmerksamkeit besser kanalisieren und unsere Erwartungen an die gegebenen Umstände anpassen durch Akzeptanz. Wir müssen nur den Willen dazu haben. »Warum soll ich mich ändern und nicht der andere?«, »Warum sollte ich dessen (Fehl-)Verhalten hinnehmen?«, »Warum muss ich immer nachgeben?« Hast du dir ähnliche Fragen auch schon einmal gestellt? Bestimmt! Die Antwort darauf ist simpel: Es ist energetisch viel einfacher, sich selbst zu ändern beziehungsweise seine Erwartungen anzupassen, als andere oder bestimmte Umstände verändern zu wollen, auf die wir nur bedingt Einfluss haben und die wir nur bedingt verstehen können. Die Gefahr ist groß, dass wir uns nur aufreiben. Wenn wir aufhören, einen aussichtslosen Kampf zu führen und uns an anderen Menschen oder Dingen abzuarbeiten, können wird viel Energie, Zeit und Kraft sparen, die wir für uns selbst aufbringen können. Und das wäre eine äußerst wertvolle Investition in unser persönliches Glück.

Um unsere Erwartungen zu verändern, müssen wir unser Ego überkommen. Es ist unser Ego, das uns ausmacht und bestimmt. Entsprechend verhalten sich unsere Erwartungshaltungen. Ein Mönch, der es in Perfektion beherrscht, seine Erwartungen anzupassen, um sie in Einklang mit seiner Realität zu bringen, besitzt auch die Fähigkeit, sich und seine Erwartungen stets zu hinterfragen und damit sein Ego zu bändigen. Das, was er will und für richtig hält, kann er anpassen, indem er seine Perspektive verändert und sich in die Rolle seines Gegenübers einfühlt. Empathie ist hier das Stichwort. Durch Empathie kann er Verständnis und Mitgefühl entwickeln, was zu Akzeptanz und veränderten Erwartungshaltungen führt. Die Fähigkeit, seine eigenen Erwartungen ändern zu können, um damit situativ glücklicher zu sein, geht einher mit der Fähigkeit, sich selbst und seine Erwartungen nicht für so bedeutend und prinzipiell richtig zu erachten. Unsere westliche Kultur und Erziehung, die eher auf das Streben als das Glück selbst gerichtet ist, bremst uns häufig aus in unserer Fähigkeit, unsere Erwartungen anzupassen.

Wir müssen natürlich nicht alles hinnehmen im Leben. Es gibt Situationen, in denen es unangebracht ist, an unseren eigenen Erwartungen herumzuschrauben. Dafür gibt es zwei weitere Strategien, die ich im Anschluss erläutern möchte. Es ist aber wichtig im Blick zu behalten, dass es große innerliche und geistige Stärke beweist, wenn wir zuerst an unseren Erwartungen und damit einhergehend unserer Gedankenwelt arbeiten, bevor wir versuchen, andere zu verändern oder aus einer Konstellation auszubrechen. Denn unsere Erwartungen, hier wiederhole ich mich nur allzu gern, liegen in unser Hand.

Strategie 2: Realität verändern
Nicht immer wird es uns gelingen, unsere Erwartungen zu verändern und an die Umstände anzupassen. Wir können zum Beispiel noch so sehr versuchen, die Unordnung unseres Mitbewohners als gegeben hinzunehmen. Wenn unsere Schmerzgrenze erreicht ist, ist sie erreicht. Manchmal stört uns das kreative Chaos und organisatorische Unvermögen unseres Partners so sehr, dass es auch unsere eigene geliebte Ordnung ins Ungleichgewicht bringt. Manchmal wollen wir keine Buletten, sondern das Schnitzel, das wir bestellt haben. Manche Leute sind so frech, dass man das, was sie einem zutragen, nicht akzeptieren kann. Manchmal muss man um die Armlehne im Flugzeug kämpfen, weil man es nicht akzeptieren kann, dass der Sitznachbar glaubt, sie allein für sich reserviert zu haben. Immer wenn wir in solchen Situationen sind, kann es eine wirksame Strategie sein, die Realität so zu verändern, dass sie mit unseren Erwartungen konform geht.

Wenn es darum geht, die Realität zu verändern, ist unser Ego nicht hinderlich, sondern gerade zu förderlich. Menschen, die ein sehr ausgeprägtes Ego besitzen, glauben tendenziell, immer im Recht zu sein. Sie haben in der Regel auch das Selbstbewusstsein, Dinge nach ihrem Willen durchzusetzen beziehungsweise die nötigen Impulse zu setzen, um die Realität ihren Vorstellungen entsprechend zu verändern:

- »Ordnung ist richtig und Unordnung ist falsch. Mein Mitbewohner muss also seine Unordnung in den Griff kriegen, dafür werde ich schon sorgen.«

- »Organisation ist der einzig richtige Weg, den Alltag zu meistern, und das muss auch mein Partner verstehen lernen.«

- »Ich habe ein Schnitzel bestellt, also werde ich auch ein Schnitzel bekommen. Dem Kellner wird das so lange klargemacht, bis das gewünschte Schnitzel auf dem Tisch steht.«

- »Ich habe für die Armlehne bezahlt, also will ich auch die Hälfte von ihr in Anspruch nehmen. Meinem gleichgültigen Sitznachbarn wird das durch entsprechendes Ellbogenschieben bewusst gemacht.«

Wer zur zweiten Strategie greift und die Realität verändert, tut dies in der Regel aus einem egoistischen Motiv heraus. Nicht er selbst muss sich anpassen oder verändern, sondern andere oder die Umwelt sollen es tun.

Diese Strategie für mehr individuelles Glück sollte aber nicht per se negativ behaftet sein, nur weil sie tendenziell aus einem egoistischen Motiv heraus entsteht. Im Gegenteil: Sie ist völlig legitim und in manchen Situationen die beste Strategie. Wir müssen nicht immer zurückstecken oder unsere Erwartungen anpassen. Es ist wichtig zu äußern, was wir uns wünschen und erwarten, und manchmal auch darauf zu bestehen, dass sich die

Umstände, der Partner, die jeweilige Situation verändern. Fehlt uns das Selbstbewusstsein, unsere Erwartungen und Wünsche zu äußern, so limitieren wir die Chancen, dass sich etwas verändert. Woher soll beispielsweise unser Partner wissen, was wir wollen, wenn wir nicht offen darüber sprechen?

Stell dir vor, zwei Menschen lernen sich neu kennen. Beide möchten sich beim ersten Date küssen, doch keiner wagt den ersten Schritt. Der Grund: Beide glauben, der jeweils andere möchte es nicht, und entsprechend schrauben sie ihre Erwartungen herunter. Sie akzeptieren die Situation so, wie sie ist, und gehen mit dem Gefühl nach Hause, der Funke sei nicht übergesprungen. Ist es nicht schrecklich, dass beide mit der unbefriedigten Erwartung, sich küssen zu wollen, nach Hause gehen? Wäre es nicht viel einfacher und schöner, wenn beide über ihren Schatten springen und signalisieren könnten, was sie wirklich wollen? Nur so gäbe es die Chance, die eigentlich synchronen Erwartungen mit der Realität zusammenzubringen.

Haben wir das Selbstvertrauen und setzen die nötigen Impulse, um die Realität zu verändern, werden wir mit Sicherheit auch häufiger mit jemandem herumknutschen, bei dem wir anfangs nicht sicher waren, ob er das auch will. Wir werden auf kauzige Chefs treffen, die uns für unser konstruktives Feedback dankbar sind und sich das nächste Mal vielleicht zweimal überlegen, ob sie einen ihrer Mitarbeiter vor dem gesamten Team in Grund und Boden reden. Und wir werden auf Kellner treffen, die sich freundlich entschuldigen und noch ein kostenloses

Dessert bringen, weil ihnen bei der Bestellung ein kleiner Fehler unterlaufen ist.

Ich möchte die Menschen ermutigen, aktiver in das Geschehen um sie herum einzugreifen und die Realität zu verändern. Wir müssen und sollten nicht alles im Leben akzeptieren. Wir können die Umstände als gegeben hinnehmen, aber sobald sie uns einschränken und unglücklich machen, sollten wir Mut haben zu handeln, vor allem wenn positive Veränderung in Aussicht steht. Darum ist es wichtig, wenn es eine Situation verlangt, selbstbewusst die nötigen Impulse zu setzen, um eine Veränderung der Realität anzustoßen.

Strategie 3: Konstellation verändern
Stell dir vor, du bist unglücklich in deiner Beziehung. Dein Partner erfüllt nicht (mehr) deine Erwartungen in Sachen Antrieb, Freizeitgestaltung oder Lebensplanung. Was du anfangs noch niedlich fandest, zum Beispiel keine Meinung über eigene Kinder oder nächtelanges Zocken an der Videospielkonsole, erzeugt mittlerweile eher Unmut und Frustration. Deine Versuche, deinen Partner in deine Freizeitgestaltung einzubeziehen oder Gespräche über eine gemeinsame Lebensplanung zu führen, bleiben erfolglos und sind kräfteraubend. Du hast alles in deiner Macht Stehende getan, um dich besser auf deinen Partner und dessen Eigenarten einzustellen. Alles vergebens. Du liebst deinen Partner, bist aber doch ständig unzufrieden aufgrund der Differenzen, die die Beziehung mittlerweile bestimmen. Du fühlst dich ausgebremst, eingeschränkt und gehemmt

in deiner Entwicklung, weil du das Gefühl hast, das Potenzial deines Lebens nicht auszuschöpfen. Deine Erwartungen bezüglich deiner Partnerschaft und die Realität sind offensichtlich nicht in Einklang zu bringen.

Eine gar nicht so abwegige Situation, oder? Aus meiner Sicht akzeptieren viel zu viele Menschen unüberwindbare Differenzen in Beziehungen – und dies viel zu lang. Entweder weil sie sich dieses Umstands gar nicht recht bewusst sind oder weil ihnen der Mut und die Möglichkeit fehlen, aus der Konstellation auszubrechen und etwas positiv zu verändern. Dabei wäre eine Veränderung der Konstellation ein guter Weg. Der Deckel passt manchmal nicht auf den Topf, und es kostet viel zu viel Energie, etwas passend zu machen, was am Ende gar nicht passt. Energie, die an anderer Stelle deutlich wirksamer und effizienter eingesetzt werden könnte.

Auf unser Beispiel angewandt, könnte die Veränderung der Konstellation bedeuten, die Beziehung zu beenden, um alleine oder mit jemand anderem glücklich zu werden. Auf einen anderen Kontext angewandt könnte es bedeuten, den Job zu kündigen, die Stadt zu verlassen, den Verein zu wechseln oder sein Umfeld zu wechseln.

Doch Gewohntes aufzugeben, etwas Neues zu beginnen, all das birgt eine Ungewissheit in sich, die Angst erzeugen kann. Angst, die uns davon abhält, eine notwendige Veränderung hin zu einem glücklicheren Leben einzuleiten. Wir haben Angst, etwas aufzugeben, was uns in der Zukunft eventuell fehlen könnte, und dann würden wir diesen Schritt bereuen. Wir haben Angst, einen Schritt zurückzugehen, weil wir nicht wissen, ob wir wieder zwei nach vorne machen werden. Wir haben Angst, Fehler zu begehen. Was wir brauchen, um loszulassen und eine Veränderung einzuleiten, ist die Fähigkeit, nicht an Dingen festzuhalten und Fehler als wichtigen Bestandteil unseres Lebens anzuerkennen. Wie ich bereits ausgeführt habe, ist Vergänglichkeit ein universeller und unausweichlicher Teil unseres Lebens. Alles verändert sich, ohne dass wir es verhindern können. Daher sollten wir auch keine Angst davor haben, selbst die Veränderung in unserem Leben aktiv herbeizuführen – durch das Verändern von Konstellationen.

Was gibt es denn zu verlieren, in einer unglücklichen Beziehung, in der der stete Versuch, Realität und Erwartungen in Einklang zu bringen, einer Sisyphusarbeit gleicht? Genau, es gibt eine unglückliche Beziehung zu verlieren. Was gibt es zu verlieren, wenn wir unseren Job nicht mögen und er uns darüber hinaus auch kein bisschen voranbringt? Was gibt es zu verlieren, wenn wir eine Stadt verlassen, in der wir uns nicht wohlfühlen? Was gibt es zu verlieren in einer Freundschaft, in der sich beide nur aneinander aufreiben? Nicht viel! In solchen Situationen können wir nur gewinnen, wenn wir aus der gegebenen Konstellationen ausbrechen. All das Glückspotenzial, das verborgen bleibt, wenn wir einer Vision von einer harmonischeren Beziehung nachjagen oder Umstände als in Stein gemeißelt hinnehmen, könnte freigesetzt werden. Wir müssen aber Neuem Raum geben und den Mut dazu haben, uns vorwärtszubewegen. Weg von den alten Konstellationen. Wir dürfen keine Angst haben vor solchen Veränderungen, auch wenn sie auf den ersten Blick einschneidend für unser Leben sind. Vielmehr müssen wir unser Potenzial für unser geschenktes Leben voll ausschöpfen.

Ich möchte hier kein Plädoyer für einen leichtsinnigen Partner-, Job- oder Wohnortwechsel halten. Das wäre der falsche Weg. Ich möchte das Verändern von Konstellationen als einen möglichen Weg beschreiben zu mehr individuellem Glück und auch dazu ermutigen, ihn selbstsicher zu gehen. Vor allem wenn der Kampf, unsere Erwartungen und Realität in Einklang zu bringen, vergeblich war. Wenn es uns also nicht gelungen ist, unsere Erwartungen anzupassen oder die Realität zu verändern, dann ist es nur legitim und notwendig, an der Konstellation zu arbeiten, um glücklicher zu werden.

Keine der drei vorgestellten Optionen ist besser, schlechter oder erfolgversprechender. Welche Option in welcher Kombination die beste ist und mit welcher Ausgestaltung wir am besten leben können, ist von der jeweiligen Situation abhängig, in der wir uns befinden und von individuellen Präferenzen. Dennoch haben alle drei Optionen ihre Vor- und Nachteile. Unter dem Strich geht es aber stets darum, unsere Erwartungen und die Realität anzugleichen und damit individuell glücklicher zu sein. Ob dies auf Kosten der Erwartungen, der Realität oder der Konstellation geschieht, hängt von jedem selbst ab und dem Weg, den wir wählen.

Wir müssen am Ende aber eine Wahl treffen, wenn wir eine Veränderung bewirken und unser individuelles Glück vorantreiben wollen. Und diese hat stets Einfluss auf andere Lebensbereiche. So ist ein Jobwechsel oftmals mit einem Umzug verbunden und das will man seinen gerade eingeschulten Kindern eventuell nicht zumuten. Den Chef auswechseln zu lassen, kann weitreichende Folgen für den Chef haben, wenn dies bedeutet, dass er bald keine Arbeit mehr hat und daher z.B. seine Familie nicht versorgen kann. Damit muss man leben können.

Das macht die Praxis so schwer, aber unterstreicht einmal mehr die Bedeutung, alle drei Wege gleichermaßen beherrschen und sogar miteinander kombinieren zu können. Für eine Partnerschaft zum Beispiel kann es äußerst wertvoll und auch produktiv sein, wenn beide an ihren Erwartungen, an der Veränderung der Realität und auch Konstellation arbeiten. Wenn wir lernen wollen, glücklicher zu werden, sollten wir lernen, unsere präferierten Lösungswege zu erweitern, um mehr Handlungsspielraum zu erhalten – mehr Handlungsspielraum, um unsere Erwartungen, unsere Realität und Konstellation anzupassen.

Das Verständnis aller drei Strategien und die Fähigkeit, sie umzusetzen, erweitern unseren Werkzeugkoffer für ein glücklicheres Leben.

Umsetzung

Veränderung entsteht nicht in der Theorie, sondern mit ihrer Umsetzung in der Realität. Wenn wir unglücklich sind und das ändern möchten, müssen wir unseren guten Vorsätzen und Strategien auch Taten folgen lassen. Oft wissen wir selbst, was gut und richtig wäre, um glücklicher zu sein, aber wir scheitern daran, es umzusetzen. Es gibt Menschen, die scheinen sich im Kreis zu drehen. Sie jammern und beschweren sich wieder und wieder über die gleichen Dinge. Was sie häufig gemeinsam haben, ist, dass sie nur reden und nicht handeln.

Veränderung geht vom Verstand aus

Um zu verstehen, was notwendig ist, um unser Leben und Verhalten wirklich zu verändern, müssen wir noch einmal eine kleine Exkursion in die Biologie und Neurologie unternehmen. Das menschliche Gehirn besteht aus rund 86 Milliarden Nervenzellen. Jede Nervenzelle ist wiederum durch Tausende Synapsen mit anderen Nervenzellen verbunden. Das Ganze kann man sich wie eine elektrische Schaltung oder auch ein großes Spinnennetz vorstellen. Die Vernetzungen und das Zusammenspiel unserer Nervenzellen sind zum einen biologisch veranlagt. Zum anderen werden Verbindungen über Erfahrungen, Impulse, Reize und Erlebnisse programmiert und konditioniert. Immer wenn wir etwas Neues erfahren und wahrnehmen, passen sich bestehende Synapsen an oder neue Verbindungen werden aufgebaut und neu organisiert. Was wir über unsere Sinne wahrnehmen, reizt in unserem Gehirn unterschiedlichste Neuronen und Synapsen und wird entsprechend verarbeitet.

Im Grunde kann man sich das so vorstellen, als könnte man sein Gehirn mit Impulsen und Erfahrungen programmieren und beeinflussen. Wenn wir uns jeden Tag die Liste aller Spieler der Fußballbundesliga durchlesen, dann ist es nur eine Frage der Zeit, bis wir sie auswendig können. Jedes Mal, wenn wir die Namen lesen, werden bestimmte Neuronen und Synapsen in unserem Gehirn angesprochen. Je öfter wir das machen, desto intensiver werden diese Verbindungen. Das Ganze ist vergleichbar mit einem Muskel. Je mehr wir ihn beanspruchen, desto größer und stärker wird er. Wenn wir den halben Tag nur noch Fußballbundesliga-Namen lesen und uns die Gesichter und Statistiken dazu anschauen, dann konzentrieren wir uns immer mehr darauf und werden ein Experte darin. Das Gleiche passiert, wenn wir jeden Tag ins Fitnessstudio gehen und fleißig trainieren: Wir werden im Laufe der Zeit muskulöser.

Wenn wir etwas verinnerlichen wollen, sei es ein Verhalten oder Denkmuster, dann ist es wichtig zu verstehen, dass es in der Regel mehrerer Wiederholungen mit hoher Intensität bedarf, um unser Gehirn zu trainieren und Neues zu verinnerlichen. Intensität meint hierbei, wie konzentriert wir unsere Aufmerksamkeit auf das Verinnerlichen richten. Wenn wir beispielsweise mit großen statt mit kleinen Gewichten trainieren, führt das bei gleichen Wiederholungen zu schnellerem Muskelaufbau. Wenn wir uns beiläufig beim Fernsehschauen vornehmen, dass wir ab morgen meditieren sollten, ist die Gefahr groß, dass wir das Vorhaben bis zum nächsten Tag bereits vergessen haben. Lesen wir aber ein Buch über Meditation, nehmen uns die Tipps eines Freundes, der das regelmäßig tut, zu Herzen und nehmen mit Eifer an einem Meditationskurs teil, dann kommen wir unserem Ziel, dass das Meditieren schon bald zur Routine wird, näher. Das liegt daran, dass wir das Ganze mit hoher Intensität angehen und unseren Fokus gezielt darauf richten.

Da unser Denken unser Verhalten steuert, fängt jede Veränderung in unserem Verstand an. Wenn wir also nachhaltig etwas verändern wollen, wie zum Beispiel das Ritual, jeden Abend unseren Tag zu reflektieren, dann müssen wir die Reflexion regelmäßig und fokussiert wiederholen, damit es uns in Fleisch und Blut übergeht. Führen wir Rituale nicht regelmäßig aus, geht die Routine verloren beziehungsweise andere Rituale oder Gewohnheiten werden stärker und substituieren sie.

Wer kennt das nicht: Man liest ein Buch, führt ein Gespräch oder hört einen inspirierenden Vortrag. Danach sprudelt man über vor Ideen und möchte ganz viele davon in die Tat umsetzen und sein Leben total umkrempeln. Dieser Zustand von Momentum hält meist ein paar Tage an, bevor die Euphorie langsam schwindet und der gute Wille und die vielen Vorsätze in Vergessenheit geraten. Man denke nur an die guten Vorsätze fürs nächste Jahr am Silvesterabend: Wir schmieden Pläne, die gerade so den Jahreswechsel überleben und bereits in den ersten Januartagen im Sande verlaufen. Der Grund: Wir haben die Kraft des Impulses und das Momentum nicht genutzt!

Die sogenannte 21-Tage-Regel von Maxwell Maltz besagt, dass wir ungefähr 21 Tage benötigen, um neues Verhalten zu etablieren beziehungsweise unsere Gewohnheiten zu ändern. In diesem

Zeitraum braucht es Disziplin und eine gewisse Technik, um uns darauf zu konzentrieren, unsere Gewohnheiten schrittweise zu ändern.

Sagen wir mal, ich nehme mir vor, jeden Morgen 15 Minuten direkt nach dem Aufstehen zu meditieren. Um diese Morgenmeditation in meinen Alltag zu integrieren, bedarf es Disziplin und eisernen Willens. Was ich damit meine: Die ersten 21 Tage sind die schwersten. In dieser Zeit sollte ich mir am besten ein Schild vors Bett stellen, über das ich zwangsläufig beim Aufstehen stolpere, mit der Aufschrift: »Meditieren nicht vergessen!« Oder meiner Partnerin sagen, sie soll mich daran erinnern, und solange die Meditation nicht erfolgt ist, gibt es weder Kaffee noch Frühstück. Halte ich durch und meditiere jeden Morgen, habe ich nach den kritischen 21 Tagen ein neues Ritual etabliert, und es wird mir ab sofort um einiges leichter fallen, es auch zukünftig beizubehalten. Die Morgenmeditation erfolgt mehr oder weniger automatisch, und ich werde das Gefühl haben, dass mir etwas fehlt, sollte ich sie mal auslasse. Ist quasi genauso wie wir gelernt haben, morgens die Zähne zu putzen. Ständige Wiederholung durch Erinnerung von Mami, Papi oder der Kindergärtnerin. Ich hoffe, ihr macht das auch alle mit dem Zähneputzen!

Allerdings ist die 21-Tage-Regel lediglich ein grober Richtwert. Jeder Mensch braucht unterschiedlich viel Zeit, um seine Gewohnheiten zu verändern. Die Zeitspanne variiert von Person zu Person und hängt zudem von dem Ritual oder der

Gewohnheit ab, die etabliert werden soll. Das mit dem Zähneputzen-Ritual hat, glaube ich, drei Jahre bei mir gedauert.

Wichtig ist die Erkenntnis, dass wir mit Disziplin und Ausdauer unser Verhalten bewusst verändern können. Das gilt für neue Gewohnheiten, die wir etablieren wollen, aber auch für schlechte Angewohnheiten, die wir loswerden wollen, wie zum Beispiel Rauchen. Die Synapsen im Gehirn brauchen eben ungefähr drei Wochen, um sich anzupassen beziehungsweise eine dauerhafte und energetisch effiziente Verbindung zu etablieren. Nur so wird eine neue Gewohnheit beziehungsweise neues Verhalten automatisiert und ins Unterbewusstsein eingebrannt. Brechen wir vorher ab, erschlaffen die Synapsen und bauen sich wieder ab wie ein Muskel, den wir nicht trainieren. Es muss also eine kritische Schwelle überschritten werden, damit Dinge ohne viel Energie und Aufmerksamkeit zu einer Routine werden.

Menschen, die in der Lage sind, Veränderung herbeizuführen, sind meistens auch in der Lage, das Momentum für einen gewissen Zeitraum aufrechtzuerhalten, und zwar so lange, bis der Impuls nachhaltig etabliert ist. Wenn wir Veränderung in unseren Denk- und Verhaltensmustern anstreben, um glücklicher zu werden, dann müssen wir lernen, wie wir unser Gehirn, unsere Neuronen und Synapsen umprogrammieren können. Das gelingt uns, indem wir steuern, welchen Reize wir uns aussetzen.

Wer Nichtraucher werden will, sollte sich nicht die ganze Zeit mit starken Rauchern umgeben, da er sich sonst zu vielen

Reizen aussetzt, welche der Umprogrammierung zum Nichtraucher Steine in den Weg legen. In einem solchen Umfeld hat es selbst der Diszipliniertesten schwer. Wer seine Lästereien abstellen beziehungsweise sich weniger auf die Schwächen anderer konzentrieren will, sollte Leuten meiden, die vorwiegend über andere herziehen wollen.

Egal in welchem Bereich wir eine Etablierung neuer Gewohnheiten oder Rituale anstreben, wichtig ist, dass wir es regelmäßig und mit unserer vollen Aufmerksamkeit tun, um darauf aufbauend die gewünschte Veränderung in unserem Leben herbeizuführen und mit alten Angewohnheiten zu brechen.

Meditation
Es ist wichtig zu lernen, unsere Aufmerksamkeit bewusst auf Dinge zu lenken, die uns glücklicher machen. Wir müssen lernen, unsere Gedanken kritisch zu hinterfragen, wenn sie negativ sind, und wir müssen lernen, sie in die richtigen Bahnen zu lenken und destruktive Denkmuster hinter uns zu lassen.

Meditation ist ein gutes Werkzeug, um Herr unserer Gedanken zu werden, sozusagen ein Workout für unser Gehirn. Was wir bei der Meditation trainieren, ist die Fähigkeit, unsere Aufmerksamkeit und unsere Gedanken zu kontrollieren und zu beeinflussen. Wir trainieren somit unsere grundlegende Fähigkeit zur Veränderung. Beim Meditieren richten wir unsere Aufmerksamkeit auf eine Sache, zum Beispiel unseren Atem, unseren Körper, ein Geräusch oder ein Objekt. Wir sollen an nichts anderes denken und nichts anderem unsere Aufmerksamkeit schenken. Das kann im sogenannten Lotussitz geschehen oder in Rückenlage. Es sollte bequem sein, sodass wir entspannen können. Dann fangen wir an, uns auf diese eine Sache zu konzentrieren.

Was gerade bei Anfängern häufig geschieht, ist, dass die Aufmerksamkeit eigene Pfade beschreitet und sie Schwierigkeiten haben, auf eine Sache fokussiert zu bleiben. Ihre Gedanken schweifen in alle möglichen Richtungen ab, wie im echten Leben. Jeder, der schon einmal versucht hat zu meditieren, wird diese Erfahrung kennen. Das Schöne ist: Das macht überhaupt nichts! Es ist Teil der Meditation, dass wir uns im Gedankenmeer verlieren und abschweifen. Genau das macht unser Training überhaupt erst möglich. Wir lernen in der Meditation, unsere Gedanken im Falle einer Ablenkung wieder bewusst auf die eine Sache zu richten, zum Beispiel auf unseren Atem. Genau darin liegt die Übung und genau darin wollen wir Meister werden.

Je öfter wir von unseren gedanklichen Abwegen wieder zielgerichtet zu der einen Sache zurückfinden, desto besser werden wir darin, unsere Gedanken aktiv zu beeinflussen und bewusst auf etwas zu richten. Wie unsere Muskeln durch Training wachsen, so wird unser Gehirn bei regelmäßiger Meditation die Fähigkeit ausprägen, unsere Aufmerksamkeit und Gedanken zielgerichtet zu lenken und zu halten. Sobald wir unsere Gedanken bewusster steuern können, können wir Veränderung in unserem Leben herbeiführen und uns vor negativen Gedanken schützen. Wir werden positiver und zielgerichteter durch den Alltag gehen.

Meditation führt zu großartigen Ergebnissen, und es ist ein tolles Gefühl zu erleben, wie es einem immer öfter gelingt, schlechte und negative Gedanken durch schöne, positive und für das eigene Glück konstruktive Gedanken zu ersetzen. Die Fähigkeit, unsere Gedanken und Aufmerksamkeit bewusst zu steuern, gibt uns ein Gefühl von Bestimmtheit und Kontrolle und die Gewissheit selbstbestimmt an unserem Lebensglück zu arbeiten.

Natürlich ist Meditation noch viel mehr als reines Gedankentraining. Neben der rein funktionalen Bedeutung von Meditation kommt ihr auch eine unterhaltsame Bedeutung zu. Es ist tatsächlich so, dass der Akt des Meditierens zu situativem Glück führt, weil er uns in einen Geisteszustand versetzt, der äußerst angenehm und wohltuend ist. Meditation versetzt uns in einen Flow. Es kann sehr motivierend sein, in völliger Ruhe, fokussiert und bewusst Zeit mit sich selbst zu verbringen.

Du musst aber nicht stundenlang pro Tag meditieren, wenn dir das nicht liegt. Aus meiner Sicht ist es aber wichtig, täglich ein paar Minuten zu meditieren und ganz bewusst seine Aufmerksamkeit auf ausgewählte Dinge zu richten.

Mut

Mut bedeutet, etwas zu wagen, sich in eine mit Unsicherheiten verbundene Situation zu begeben. Wir brauchen Mut, um glücklich zu sein und etwas zu verändern. Denn alle drei Strategien zu mehr Glück haben mit Veränderung zu tun. Ich habe in meinen Gesprächen mit anderen Menschen immer wieder festgestellt, dass Mut bei Veränderungen im Leben eine zentrale Rolle spielt.

Doch oft mangelt es uns an der nötigen Portion Mut und damit auch an der Fähigkeit, Veränderungen einzuleiten. Warum fällt es uns beispielsweise so schwer, eine schlechte Beziehung zu beenden? Warum trauen wir uns nicht, unseren leidlichen Job zu kündigen, um das zu tun, wofür wir eigentlich bestimmt sind? Warum sprechen wir nicht den Fremden an, der in der Bar am Nachbartisch sitzt und uns schon den ganzen Abend in seinen Bann zieht? Immerhin könnten wir damit unserem Singledasein ein Ende setzen und uns in eine leidenschaftliche Romanze oder gar glückliche Partnerschaft katapultieren. Ist beides nicht das Schlechteste! Warum trauen wir uns oftmals nicht auszusprechen, was wir fühlen, denken oder uns wünschen? Wir haben schlichtweg Angst – vor Ablehnung, vor dem Scheitern, vor Fehlern, vor falschen Entscheidungen.

Aus meiner Sicht funktioniert unser Gehirn für Entscheidungen, die in Zusammenhang mit Veränderung stehen, relativ binär. Es gibt Antriebsfaktoren und Bremsfaktoren, Mut und Angst. Wir alle kennen das Gefühl, zwischen den Stühlen zu sitzen, hin- und hergerissen zu sein: »Soll ich oder soll ich nicht?«

Jeder kennt das: Aus einem Zusammenspiel zwischen Mut und Angst entstehen zum Beispiel dieser kribbelnde oder auch unsägliche Moment, wenn wir etwa in einer Bar stehen und die wunderbaren Augen eines Unbekannten entdecken. Unser Puls steigt, unsere innere Stimme fängt an zu plappern. Mut und Angst beginnen ihr kleines Duell. »Soll ich ihn ansprechen oder lieber nicht? Was passiert, wenn ich es mache, und was passiert, wenn ich es nicht mache? Was treibt mich an, es zu tun, und was bremst mich aus?« Das Spiel spielen wir so lange, bis eine Entscheidung gefallen ist. Entweder wir gehen einen Schritt nach vorne, fixieren die Augen unseres Gegenübers, erheben die Stimme, lächeln und sprechen aus, was wir uns vorher zurechtgelegt haben: »Hallo, du mit den schönen Augen, sag mir, wer du bist?« Oder wir drehen uns weg, lassen die Angst als Gewinner aus dem Duell gehen und sagen uns: »Nicht schlimm, es kommt schon mal wieder jemand, und wenn es hätte passieren sollen, dann wäre es schon irgendwie passiert.«

Doch wie geht man am geschicktesten in das Duell von Mut und Angst, sodass der Mut gewinnt? Es gibt aus meiner Sicht ein paar Tricks, die die Mutigen unter uns bereits beherrschen.

Wir alle haben Angst. Doch nur wer sie überwindet, erntet Erfolg. Das reine Vorhandensein von Angst darf nicht als Ausrede fungieren, etwas nicht zu tun. Diejenigen, die mutig sind, agieren. Also, schieb deine Angst ins Abseits und werde risikofreudiger, wenn du das nächste Mal vor einer Entscheidung stehst, die dir einiges abverlangt. Triff deine Entscheidungen selbst.

Die Mutigen glauben daran, dass sie das meiste im Leben rückgängig machen können. Eine Trennung, einen gekündigten Job oder ein Umzug in eine neue Stadt, all diese Entscheidungen können unter Umständen rückgängig gemacht werden, wenn sich herausstellt, dass keine Besserung der eigenen Situation eintritt. Das ist nicht immer möglich, aber viel öfter als wir glauben.

Die Mutigen versuchen Fehler, Scheitern oder Niederlagen als erstrebenswert zu erachten. Nur wer bereit ist, Fehler zu machen, zu scheitern und Niederlagen in Kauf zu nehmen, kann den notwendigen Mut aufbringen, um positive Veränderungen überhaupt anzustoßen. Wer nicht wagt, kann nicht gewinnen, und wer nicht verlieren kann, wird niemals spielen. Das Leben derer, die Veränderung als Weg zu mehr Lebensglück begreifen, wird immer auch ein Leben sein, in dem man spielen *muss*. Das Leben belohnt diejenigen, die spielen, etwas riskieren, an ihrem Lebensglück arbeiten und nicht untätig herumsitzen und auf bessere Zeiten warten. Die Kunst besteht darin, geschickt und mit bedachten Einsätzen zu spielen. Auf lange Sicht – so ist meine Erfahrung und Beobachtung – werden wir dafür immer belohnt.

Die Mutigen haben Vertrauen, dass am Ende alles gut wird. Ein neuer Job, eine neue Beziehung, eine neue Stadt oder eine neue

Herausforderung, wir gewöhnen uns an alles. Wie schon Hermann Hesse in seinem Gedicht »Stufen« sagte: »Jedem Anfang wohnt ein Zauber inne, der uns beschützt und der uns hilft, zu leben.« Wenn wir unsere Aufmerksamkeit auf die für uns wichtigen Dinge richten und akzeptieren, dass alles im Leben vergänglich ist und uns das keine Angst machen muss, sind wir in der Lage, uns zielgerichtet vorwärtszubewegen.

Die Mutigen richten ihre Aufmerksamkeit bewusst auf Argumente, die den Mut fördern, anstatt auf jene, die die Angst ankurbeln. Sie sind Optimisten. Auf diese Weise lernen sie und verbessern sich. Sie ertappen sich schneller dabei, wenn sie der Angst zu viel Raum geben. Das spornt sie noch mehr an, eine optimistische Grundhaltung einzunehmen. Wer hingegen schon im Voraus unkt, dass etwas nicht klappt oder funktioniert, manövriert sich geradewegs in einen Teufelskreis. Denn wer etwas gar nicht erst versucht, kann es logischerweise nicht schaffen. Derjenige, der etwas wagt, wird vielleicht nicht immer erfolgreich sein. Außerdem können wir nur von jenen Erfahrungen lernen, die wir tatsächlich machen, und nicht von jenen, die wir aus Angst vermeiden. Hab also keine Scheu davor, Dinge auszuprobieren, auch wenn sie wenig erfolgversprechend erscheinen. Du wirst aus nahezu jeder Situation etwas für dich mitnehmen, lernen können und es damit beim nächsten Mal besser und erfolgreicher machen.

Kurz eine Geschichte dazu: Ich habe einmal Tickets für eine Veranstaltung gekauft, unter falscher Beratung eines Verkäufers leider die falschen, wie ich kurz nach dem Erwerb feststellte. Doch der Ticketverkäufer teilte mir mit, dass ein Umtausch ausgeschlossen sei. Ich legte mich leicht provokativ mit ihm an, weil ich mich nicht fair behandelt fühlte aufgrund der Falschberatung. Einem Freund, der mit mir unterwegs war, war die Situation unangenehm, er versuchte mich davon zu überzeugen, die Sache auf sich beruhen zu lassen und einfach die richtigen Tickets neu zu kaufen. Ich wollte das aber nicht akzeptieren und beschloss, den Schalter zu wechseln. Ich entschied mich für eine junge Ticketverkäuferin. »Hey, Anna«, sprach ich sie an, »du siehst total sympathisch aus. Deswegen habe ich dich ausgewählt, um dir die einmalige Chance zu geben, ein Engel zu werden und meinem Kumpel und mir den Abend zu retten! Also, ich hab vor zehn Minuten diese Tickets hier gekauft und dabei wurde ich irgendwie falsch beraten. Deshalb würde ich die Tickets gerne umtauschen. Ich weiß, dass dies jetzt sicher Umstände macht, aber ich sehe schon den Heiligenschein über deinem Kopf und er steht dir wirklich sehr gut.« Anna lächelte und antwortete: »Mal sehen, was ich da machen kann!« Die Tickets wurden umgetauscht. Dieses positive Erlebnis hängt mir auch nach vielen Jahren noch im Kopf und spornt mich immer wieder an, Dinge zu versuchen, wenn andere längst aufgegeben haben. Ohne Angst vor dem Scheitern, ohne Angst davor, jemanden um einen Gefallen zu bitten. Sowas klappt nicht immer, aber oft genug und immer besser, seitdem ich es stetiger versuche.

Ausreden

Ausreden sind Gift für jede Veränderung. Wenn wir zum Beispiel nicht in der Lage sind, unseren inneren Schweinehund zu überwinden und joggen zu gehen, wie wir es uns vorgenommen haben, dann bleiben wir ewig auf unserem Vorhaben sitzen. Lernen wir aber, Ausreden als eines unserer eher negativen Denkmuster zu erkennen, ist das ein wichtiger Schritt in Richtung positive Veränderung.

Was bei Ausreden markant ist: Ein Teil unseres Gehirns weiß ganz genau, was wir eigentlich wollen und machen sollten. Der andere Teil arbeitet aber gekonnt dagegen. Ich kann leider nicht sagen, warum uns Mutter Natur dieses Denkmuster beschert hat. Was ich aber sagen kann, ist, dass es allen Menschen widerfährt und wir es auch nicht so leicht abstellen können.

Wir müssen einen Weg finden, solche Gedanken als Ausreden zu erkennen, wir müssen sie uns also bewusst machen. Immer wenn wir in solche Gedanken verfallen, muss uns klar sein, dass wir gerade Gift in unseren Geist lassen und das unterbinden sollten. Indem wir uns sagen: »Steh schnell auf und zieh dir die Joggingschuhe an!«, können wir alten Verhaltensmustern bereits entgegenwirken, bevor sie sich überhaupt entfalten können. Das Gift kann gar nicht erst wirken. Ausreden halten uns nur davon ab, Dinge zu tun und Veränderungen einzuleiten, die wir uns eigentlich wünschen. Sabotiere dein Vorankommen nicht selbst, indem du für alles und jedes eine Ausrede parat hast!

Eine weitere wirksame Methode ist es, Gegenargumente zu finden. Das heißt, bewusst Argumente zu suchen, um der gewünschten Handlung letztlich doch nachzugehen. Wenn es regnet und wir uns einreden wollen, dass das kein Wetter zum Joggen ist, könnten wir den Spieß umdrehen und die Ausrede mit dem Gegenteil substituieren: »Cool, mal wieder durch Pfützen springen wie ein Kind!« oder »Ich erzähle nachher allen mit Stolz, dass ich auch im Regen joggen gehe« oder »Wie toll wird die warme Dusche nach dem Joggen sein!«.

Lernen wir Ausreden als solche zu identifizieren und sie als schädlich zu verurteilen, entsteht die Motivation, sie zu bekämpfen und eine Veränderung einzuleiten. Die Fähigkeit, die Handlung stützenden Argumente mit Ausreden zu koppeln, kannst du erlernen. Mit etwas Übung wirst du bald Fortschritte verzeichnen und die gewünschte Veränderung in die Realität umsetzen.

4. Glücklichmacher

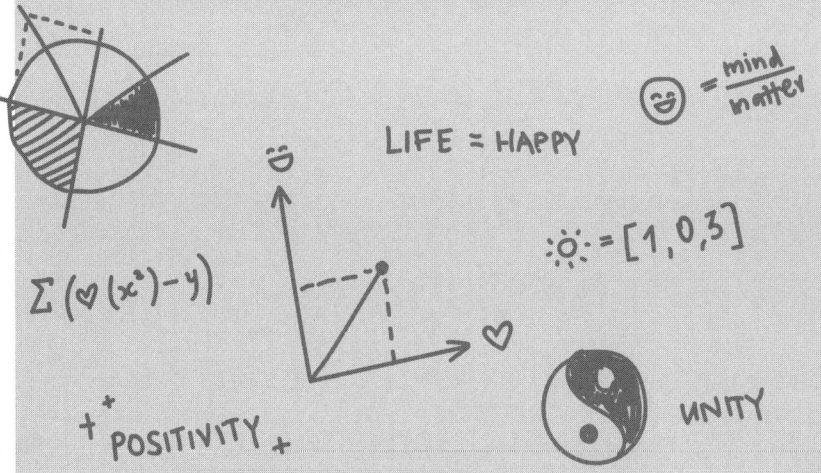

Wie zu Beginn dieses Buchs verdeutlicht, ist Glück etwas sehr Individuelles. Mein Ziel war es, primär eine Anleitung zu geben, wie wir systematisch glücklicher werden können, ohne dabei detailliert auszuführen, was das inhaltlich bedeutet. Ich wollte mich auf die Methodik konzentrieren, daher also mittels eines theoretischen Unterbaus und den Prozessen Analyse, Strategie und einer aufbauenden Umsetzung glücklicher zu werden. Was der Inhalt dieser Methodik ist, bleibt jedem individuell überlassen.

Doch im Hinblick auf das Glücklichsein ist mir – auch durch meine Gespräche mit vielen Menschen weltweit –, klar geworden ist, dass jeder Mensch im Grunde zwei fundamentalen Erwartungen gerecht werden muss:

1. Ich liebe mich selbst (Selbstliebe).

2. Ich werde von anderen geliebt (Geliebt werden).

Die Erfüllung beider Erwartungen, so meine Beobachtung, führt im Grunde für jeden Menschen zu einem glücklicheren Leben. Oft bedingen sie sich gegenseitig. Selbstliebe ist aus meiner Sicht der eigentliche Zweck und Geliebt werden das Mittel zum Zweck. Jeder ist sich selbst der Nächste – dafür muss sich niemand schlecht fühlen oder gar schämen. Am Ende des Tages müssen wir vor allem mit uns selbst leben können und mit unseren Eigenarten klarkommen. Daher ist es legitim, der Selbstliebe einen hohen Stellenwert in unserem Leben einzuräumen. Allerdings sind wir nicht alleine auf dieser Welt, sondern soziale Wesen. Die Liebe anderer bestätigt und bekräftigt auch die Liebe zu uns selbst. Vieles im Leben wird, wenn wir es gemeinsam mit anderen machen, einfacher, besser und macht uns glücklicher.

Deswegen werde ich im Folgenden meine Ausführungen zu Glücklichmachern in »Selbstliebe« und »Geliebt werden« unterteilen, die unser Verhalten bestimmen und beeinflussen, damit wir zu glücklicheren Menschen werden und uns selbst mehr lieben und von anderen geliebt werden können.

Selbstliebe

»Du musst dich selbst lieben, um glücklich zu sein« oder »Du kannst niemanden lieben, solange du dich selbst nicht liebst« – das sind Sätze, die wir sicherlich alle schon einmal in irgendeinem Zusammenhang gehört haben. Seien es Ratschläge durch Freunde, Glücksratgeber, Lifestyle-Artikel oder Selbsthilfeanleitungen. Immer wieder geht es um das abstrakte Ziel eines erfüllten Lebens, das wir mit mehr Selbstliebe erreichen können. Es wird vielleicht noch nicht so inflationär wie »Glück« gebraucht, aber »Selbstliebe« hat das Potenzial, den Thron ebenfalls zu erklimmen.

Selbstliebe ist ein zentraler Aspekt, wenn es darum geht, ein glückliches Leben zu führen. Denn wie können wir glücklich sein, wenn wir für uns selbst nicht genug übrig haben oder unzufrieden mit uns sind? Sich selbst zu lieben, macht uns unabhängiger von Dingen, die wir nicht beeinflussen können, zum Beispiel die Liebe anderer. Lieben wir uns selbst, kommen wir nicht in die Situation, verzweifelt auf die Liebe und Zuneigung anderer zu hoffen und enttäuscht zu werden, wenn diese nicht so ausfällt, wie wir es uns wünschen. Oftmals sucht uns ein seltsames Gefühl von Schuld heim, wenn wir uns selbst am nächsten sind, dabei ist Selbstliebe nichts Schlechtes. Ja, in der Tat, Selbstliebe hat etwas mit Egoismus zu tun, allerdings mit gesundem Egoismus. Den brauchen wir, um uns überzeugt Freiräume für uns selbst im Leben zu schaffen. Selbstliebe sollte die Basis bilden, auf der wir durchs Leben schreiten und auf der wir ein glückliches Leben aufbauen.

Selbstliebe spielt eine bedeutende Rolle für unser Wohlbefinden und Glücksempfinden und ist eng gekoppelt daran, welche Dinge wir tun, um physisch, psychisch und spirituell zu wachsen und somit unser Glück zu steigern. Wer mit sich selbst im Reinen ist, kann seine Schwächen und Stärken gleichermaßen anerkennen. Wir scheren uns weniger darum, unsere Defizite zu kaschieren und haben Verständnis, dass wir manchmal im Leben straucheln müssen, um zu der Person zu werden, die tief in unserem Inneren verborgen ist.

Liebe dich selbst. Sei gut zu dir selbst. Verwöhne dich, wo du nur kannst. Es liegt in deiner Hand, aus deinem Leben das bestmögliche und glücklichste zu machen. Fang gleich damit an und zwar mit dir selbst!

Mach dein Glück nicht abhängig von anderen

Ich beobachte immer wieder, dass Menschen in unglückliche Situationen rutschen, weil sie das, was für ihr Glück wichtig wäre, zu sehr von Bedürfnissen oder dem Verhalten anderer abhängig machen. In meinem Bekanntenkreis gibt es beispielsweise ein Pärchen, der eine ist sportlich, der andere nicht. Den sportlich Aktiven macht es unglaublich glücklich, morgens oder abends die Turnschuhe anzuziehen, an die frische Luft zu gehen und sich richtig auszupowern. Allzu oft ignoriert er seinen inneren Drang, mehr Sport zu machen, weil sein Partner nicht mitzieht. Doch nur, weil der Partner gerade keine Lust auf Sport hat, muss er es nicht auch unterlassen! Man muss doch nicht immer alles gemeinsam tun. Gerade in einer Partnerschaft sind Freiräume wichtig, sodass beide ihren individuellen Bedürfnissen nachgehen können – auch mal alleine.

Diese gegenseitige Akzeptanz und die daraus resultierende Unabhängigkeit beider Partner sind in meinen Augen ganz zentral in einer glücklichen Beziehung. Sehen wir unseren Partner oder ganz allgemein unsere Mitmenschen eher als Bremse für uns persönlich, hat das aus meiner Erfahrung heraus immer negative Auswirkungen darauf, wie sehr wir uns selbst lieben oder schätzen.

Akzeptiere also, dass du unterschiedliche Bedürfnisse hast als dein Partner, deine Freunde oder allgemein gesprochen dein jeweiliges Gegenüber. Dann wird es leichter, gute und für beide Seiten positive Kompromisse zu schließen.

Sei dankbar

Sei dankbar für das, was dir das Leben schenkt: Menschen, schöne Momente, Erinnerungen, Herausforderungen. Wir sind manchmal so sehr auf negative Dinge fokussiert, die uns widerfahren, oder Dinge, die wir nicht haben, dass wir gerne mal übersehen, was das Leben uns tagtäglich schenkt. Vor allem hier in Deutschland herrscht ein Übermaß an Dingen wie Freiheit, Wohlstand, Medizinischer Versorgung, Möglichkeiten und Zugang zu Bildung für das wir alle überaus dankbar sein sollten. Das wirkt sich auch darauf aus, wie wir uns fühlen und mit uns selbst umgehen. Wir nehmen vieles als selbstverständlich hin, obwohl es das nicht ist: ein verständnisvoller Partner, der mit uns durch Höhen und Tiefen geht; die helfende Hand eines Nachbarn; die starke Schulter eines Freundes; Eltern, die einem immer aus der Klemme helfen; ein Dach über dem Kopf; das Lächeln eines Fremden; ein hilfsbereiter Einheimischer, der seine Couch zur Verfügung stellt, nachdem unser Auto liegen geblieben ist, mitten in der Pampa in einem fremden Land, dessen Sprache wir nicht sprechen.

Es sind oft kleine und unscheinbare Dinge, für die wir dankbar sein sollten, auch um uns weniger über Dinge aufzuregen, die uns unglücklich machen. Wenn du deine Aufmerksamkeit auf jene Dinge richtest, die es verdient haben, beachtet zu werden, kannst du erkennen, was dir Gutes im Leben widerfährt oder was du dir schon selbst erarbeitest hast.

Es ist wissenschaftlich erwiesen, dass Dankbarkeit Glücksgefühle in uns weckt. Wir können dem Leben allgemein, anderen Menschen oder auch uns selbst dankbar sein. Dankbarkeit zwingt uns, uns auf die Außenwelt zu fokussieren, für einen Moment den Kopf zu heben und zu registrieren, was um uns herum alles passiert. Dankbarkeit hilft uns, unser Leben wertschätzen und genießen zu lernen.

Wenn du dich regelmäßig dazu anhältst, über Dinge, für die du dankbar bist, nachzudenken und auch Dankbarkeit zu spüren, dann wirst du mit der Zeit feststellen, dass dieses Gefühl und die Wertschätzung dafür, was in deinem Leben passiert, von ganz allein eintreten. Das wiederum wird dich mit einer Zufriedenheit erfüllen, die sich positiv auf dein Selbstwertgefühl und Wohlbefinden auswirkt. Außerdem hat Dankbarkeit weitere wunderbare Nebeneffekte: Sie mindert Stress, Negativität, Angst und depressive Denkmuster.

Mehr für andere ist nicht weniger für dich

Oder mit anderen Worten: Hilfsbereitschaft erzeugt positives Karma! Wie? Indem wir anderen helfen, Liebe teilen, Dinge erschaffen, unserem Umfeld etwas zurückgeben, aber dabei auch in der Lage sind, etwas anzunehmen und zu empfangen. Anderen zu helfen, erfüllt uns mit Zufriedenheit. Großzügig und gütig zu sein, macht uns glücklicher. Wenn wir anderen helfen, setzt das Endorphine frei und aktiviert jene Regionen im Gehirn, die mit Vertrauen, Freude und sozialen Verbindungen zusammenhängen. Ist das nicht schön, dass die Biologie da vorgesorgt hat?

Natürlich hat auch das Geben seine Grenzen, du solltest dich nicht ausbeuten lassen. Menschen, die nicht »Nein« sagen können, tun das oftmals, weil sie sich Liebe und Akzeptanz wünschen. Doch ihr selbstaufopferndes Verhalten kann dazu führen, dass sie ihre eigenen Bedürfnisse hintanstellen. Helfen ist richtig und wichtig, dennoch dürfen dabei unsere Bedürfnisse nicht aus dem Blick geraten. Wichtig ist, dass wir uns mit Menschen umgeben, die gut für uns sind und mit denen wir in einem gesunden Austausch stehen. Das tun wir, wenn wir uns selbst wertschätzen und genug lieben.

Wenn wir ein gesundes Selbstwertgefühl haben und die Beziehung zu uns selbst genauso ernst nehmen wie die zu anderen Menschen, dann sind wir in der Lage, anderen wohlwollend und hilfreich zur Seite zu stehen – ihnen zu helfen, mit ihnen zu teilen, ihnen den Vortritt zu lassen und Güte zu zeigen.

Denk daran: Je mehr du anderen gibst, desto mehr kommt auch wieder zu dir zurück! Liebe, positive Energie und Wohlwollen sind keine begrenzten Güter, bei denen wir Angst haben müssen, dass sie knapp werden könnten, nur weil wir sie mit anderen teilen. Das Gegenteil ist der Fall!

Versuche nicht perfekt zu sein

Menschen mit zu wenig Selbstliebe neigen dazu, sich Ziele zu setzen, die unerreichbar sind. Sie legen mitunter die Messlatte extrem hoch an. Doch perfekt sein zu wollen oder sich konstant mit anderen zu vergleichen, kann zur Tortur werden. Lerne dir zu vergeben, wie du anderen vergeben würdest, wenn es mal nicht so läuft, wie es laufen soll. Es gibt in unser aller Leben gute und schlechte Tage. Manchmal laufen wir zur Hochform auf und manchmal fällt es uns schwer, am Morgen überhaupt aus dem Bett zu kommen.

Es kann zum Beispiel sein, dass du mit dir im Reinen bist, wenn es um deine Freundschaften oder deine Fähigkeiten als Mutter oder Vater geht. Das heißt aber noch lange nicht, dass du mit der gleichen Leidenschaft und Sicherheit jeden Tag berufliche Herausforderungen meisterst, wie du Kind und Kegel jonglierst oder das gebrochene Herz eines Freundes kittest. Oder vielleicht bist du auch unzufrieden mit deinem Körper, fühlst dich zu dick oder zu dünn. Jeder von uns findet persönliche Makel an sich selbst – ob wir das nun zugeben oder nicht.

Denk positiv und fokussiere dich auf das Gute. Akzeptiere deine Stärken und deine Schwächen. Akzeptiere, dass du nicht perfekt bist und es auch für niemanden sein musst! Setz dir realistische Ziele und geh mit deinen Fehlern gelassener und offen um. Wir neigen in der Regel dazu, allzu hart mit uns selbst ins Gericht zu gehen. Doch wie heißt es so schön: Niemand ist perfekt. Wenn du den Anspruch an dich stellst, immer absolut perfekt zu sein und zu handeln, wirst du sehr schnell auf die Nase fallen. Also, sei gnädig mit dir und betrachte Fehler lieber als Übungsstunde, die dir das Leben kostenlos bereitstellt, damit du dich weiterentwickeln und verbessern kannst. Perfektionismus versperrt dir den Weg, dich selbst zu lieben. Nimm jeden Fehler als Anlass, es beim nächsten Mal besser zu machen!

Hör nicht auf zu lernen

Durch die Fehler, die uns unterlaufen, und die Herausforderungen, die wir annehmen, lernen wir. Wenn wir dazu bereit sind, dann akzeptieren wir auch, nicht perfekt zu sein. Ein perfekter Mensch muss schließlich nichts mehr lernen, oder?

Lernbereitschaft ist demnach ein gutes Hilfsmittel, um überbordenden Perfektionismus abzulegen. Das Besondere am Lernen ist, dass wir durch das Erlernte neue Erfolge erzielen können. Wir lernen, Situationen besser zu meistern, und stellen dann fest, dass wir Fortschritte erzielen – im Umgang mit uns selbst, mit anderen Menschen oder neuen Herausforderungen. Genau diese persönlichen Fortschritte und die damit einhergehende Verbesserung und Weiterentwicklung lassen unser Selbstwertgefühl und die Liebe zu uns selbst wachsen. Es macht Spaß zu lernen.

Kläre lieber, statt zu grübeln

Allzu oft machen wir denselben Fehler: Wir interpretieren das Verhalten oder die Aussagen anderer zu negativ. Das bringt uns ins Grübeln. Doch sobald wir uns dabei ertappen, müssen wir sofort »Stopp!« sagen. Statt darüber nachzudenken, was derjenige womöglich gemeint haben könnte und in die wildesten Spekulationen zu verfallen, sollten wir einfach nachfragen.

Denn allzu häufig liegen wir mit unserer Interpretation meilenweit daneben, weil wir dazu neigen, immer vom Schlechtesten auszugehen. Das Problem: Die Grübelei und das negative

Kopfkino wirken sich negativ auf unser Wohlbefinden aus. Grübeln geht meistens nach hinten los. Stattdessen müssen wir nachfragen und die Angelegenheit klären. So kommen wir der Wahrheit näher und finden heraus, was uns unser Gegenüber eigentlich vermitteln wollte. Vorher kann es keine Gewissheit geben.

Menschen, die eine gute Beziehung mit sich selbst haben, stoppen das Gedankenkarussell, bevor es losfährt, und steigern sich nicht unnötig in Situationen hinein. Sie sind sich auch bewusst, in welchen Situationen sie ins Grübeln abrutschen. Sie verschwenden ihre Zeit nicht damit, in ihr tiefstes Inneres abzutauchen und nach Antworten und Problemlösungen zu suchen, die sie dort ohnehin nicht finden können.

Selbstliebe heißt, sich vor unendlichen dunklen Gedankenirrfahrten zu schützen. Das beinhaltet auch, gelassener im Alltag zu sein und ein Grundvertrauen in das Leben und die eigene Urteilskraft zu besitzen. Und vor allem bedeutet es, Fragen zu stellen in Situationen, die wir womöglich falsch interpretiert haben.

Geliebt werden

Jedem gefällt es, Komplimente zu bekommen, das streitet sicherlich niemand ab. Ein wichtiger Teil unserer soziologischen und kulturellen Konditionierung beruht auf der Bestätigung durch andere. Wenn wir etwas Gutes tun, werden wir dafür belohnt, wir erhalten etwas Positives zurück. Das bestätigt unser Verhalten und hilft uns, uns selbst mehr zu lieben. Von anderen geliebt zu werden ist eine Art Bestätigung, dass wir liebenswert sind und uns auch selbst lieben dürfen.

Bring etwas mit zur Party!
Elternliebe ist etwas Großartiges, weil sie bedingungslos ist. Wie schön ist das Gefühl, dass wir alleine dafür, dass wir auf der Welt sind, von unseren Eltern geliebt werden. Irgendwie ist das Konzept der bedingungslosen Liebe faszinierend: Wir müssen im Grunde gar nichts tun, uns keinerlei Mühe geben und empfangen dennoch eines der schönsten Gefühle der Welt: Liebe.

Ich beobachte, dass viele Menschen diese bedingungslose Liebe auch von ihren Partnern, Freunden und Mitmenschen einfordern und damit einer völlig verkehrten Erwartungshaltung nacheifern, die häufig ins Unglück und in die Einsamkeit führt. Dazu kann ich nur sagen: Mamas und Papas sind einzigartig – die Liebe anderer Menschen muss man sich erarbeiten.

»Marcus, wenn du auf eine Party eingeladen bist, überleg dir immer, was du beisteuern kannst«, hat einmal jemand zu mir gesagt. Dieser Satz ist fest in meinem Kopf verankert, denn für mich drückt er etwas sehr Wichtiges im Hinblick auf die Liebe anderer Menschen zu uns aus: Wir dürfen nicht nur nehmen, wenn wir uns die Wertschätzung und Liebe anderer wünschen, wir müssen auch einen Beitrag dafür leisten. Dies gilt für jede Beziehung im Leben. Es mag unromantisch anmuten, soziale

Bindungen nach ihrem Nutzen zu beurteilen. Das klingt nach Kalkül für den einen oder anderen in dem Sinne, dass wir die Liebe anderer ausnutzen oder selbst ausgenutzt werden könnten. Ich hingegen finde es vielmehr motivierend, etwas für andere zu tun, und Liebe, Anerkennung oder Aufmerksamkeit im Gegenzug zu erhalten.

Wir alle haben so unterschiedliche Stärken. Deswegen können es auch die unterschiedlichsten Dinge sein, die wir zu einer Party mitbringen oder in eine Freundschaft und Beziehung investieren. Wer geliebt werden will, muss geben können und aktiv seinen Beitrag leisten. Liebe fällt nun mal leider nicht vom Himmel.

Sei interessiert

»Wenn du immer nur von dir selbst erzählst, hörst du auch immer nur, was du schon weißt«, hat einmal ein Mönch in Myanmar zu mir gesagt. Menschen sprechen gerne über sich selbst, und das kann ganz unterschiedliche Gründe haben. Es tut gut, eine Meinung oder Wertschätzung von anderen zu erhalten, die einem zuhören. Vielleicht befindet sich derjenige auch in einer misslichen Lage und deswegen gebührt ihm gerade mehr Aufmerksamkeit als uns selbst. Wir wissen nicht, welche Kämpfe er gerade tief in seinem Inneren ausficht. Es ist wichtig, Fragen zu stellen und damit einen Raum zu schaffen, in dem wir einer Person die Wertschätzung zuteilwerden lassen, die sie verdient. Ganz nebenbei lernen wir durch Zuhören auch viel über uns selbst. Viele Menschen tendieren dazu, den Fokus zu stark auf sich zu legen. Doch dadurch könnten sie auf Dauer die Sympathie der anderen verlieren und der Wissensschatz ihres Gegenübers bleibt ihnen verborgen.

Gönn dir eine Auszeit
Es ist unvermeidbar, dass wir uns über Menschen, mit denen wir engere Beziehungen pflegen oder die unseren Weg kreuzen, von Zeit zu Zeit ärgern. Wenn das geschieht, können wir impulsiv reagieren und unserem Ärger freien Lauf lassen, etwa durch Anschuldigungen, Kritik oder eine scharfe Meinung. Aus der Erfahrung heraus wissen wir aber, dass das oftmals überzogen ist und negative Reaktionen erzeugen kann. Und wohin das letztlich führt, wissen wir auch: Wir gehen mit Mitmenschen im Schlechten auseinander oder wir verbittern in unsachlicher Auseinandersetzung.

Gib dich nicht immer deinen Impulsen hin, sondern atme erst einmal tief durch, um mit etwas mehr Gelassenheit und Distanz die Situation neu zu bewerten. Oft genug liegt der Ursprung des Ärgers in uns selbst, in unseren Gedanken, unserer eigenen Unzufriedenheit und unseren Ängsten. Statt ad hoc zu reagieren, kann es hilfreich und auch förderlich für die Beziehung mit anderen Menschen sein, sich zuerst in Ruhe das Gesamtbild anzuschauen und sich zu beruhigen.

Sei verlässlich
Wenn wir nach sozialen Bindungen streben, begeben wir uns in Verhältnisse gegenseitiger Abhängigkeit und Verantwortung.

Wir planen gemeinsame Abende, Reisen oder Vorhaben, für die wir andere alternative Dinge und Pläne zurückstellen oder gar aufgeben. Wir geben Versprechungen und machen Zusagen, auf die wir uns einstellen. Ich beobachte, dass es vielen Menschen schwerfällt, die Perspektive ihres Gegenübers einzunehmen. Damit meine ich, dass sie nicht verstehen, was der andere aufgibt beziehungsweise worauf er verzichtet, um solche Abende, Reisen, Vorhaben, Versprechungen oder Pläne mit uns möglich zu machen.

Wenn wir die Verlässlichkeit des anderen – hart ausgedrückt – mit Füßen treten, weil wir kurzfristig unsere Pläne ändern, Zusagen nicht einhalten oder schlicht vergessen, was wir versprochen haben, also nicht zuverlässig sind, kann daraus Ärger entstehen. Auf gut Deutsch: Wenn wir wollen, dass andere uns lieben, wertschätzen und unsere Freundschaft als ein kostbares Gut betrachten, dann sollten wir, wenn wir deren Verlässlichkeit missachten und Feingefühl verletzen, besser einen triftigen Grund dafür parat haben und uns kräftig entschuldigen. Weniger ist manchmal mehr, zu vielen Leuten Versprechungen zu machen, die man dann nicht mehr unter einen Hut bekommt, ist hier oft die entscheidende Ursache.

Nimm dir Zeit

Intakte Freundschaften und Beziehungen benötigen Zeit. Immer wieder habe ich beobachtet, dass Beziehungen und Freundschaften auseinandergehen oder kriseln, weil die Beteiligten sich nicht genug Zeit genommen haben, sie zu pflegen. Es sind so banale ungeklärte Gründe wie »Er hat mir schon dreimal kurz vor Zwölf abgesagt«, »Sie hört nicht zu und ist mit ihren Gedanken schon beim nächsten Termin«, »Egal, ich akzeptiere das jetzt, es ist mir viel zu anstrengend, das jetzt anzusprechen, wo wir uns eh kaum sehen«, die Ausdruck davon sind, dass Menschen sich für Freundschaften oder Beziehungen, die sie mitunter als selbstverständlich hinnehmen, nicht ausreichend Zeit nehmen. Zeit, um auch Dinge zu klären und aus der Welt zu schaffen. Diese meist unangenehmen Gespräche oder Klärungen werden mangels Zeit vermieden oder vor sich hergeschoben. Zeit, die nötig ist, um seine Gedanken zu ordnen oder schlichtweg einfach eine nötige Aussprache abzuhalten. Häufig endet so eine an sich wertvolle Freundschaft oder Beziehung. Fazit: Wichtigen Beziehungen sollten man ausreichend Zeit widmen.

Sei proaktiv

Wenn Menschen zusammenleben, zusammenarbeiten oder gemeinsam durch das Leben schreiten, ist es unvermeidlich, dass Konflikte und Differenzen entstehen. Jeder von uns hat ein anderes Wertesystem, andere Ansprüche und unterschiedliche Prioritäten im Leben. So kommt es, dass wir nicht immer den Erwartungen unserer Mitmenschen gerecht werden.

Konstruieren wir mal ein Beispiel: Wir stellen uns vor, dass zwei Menschen sich verabredet haben. Dem einen ist Pünktlichkeit sehr wichtig, also nennen wir ihn Peter Pünktlich. Der andere ist eben gerne mal etwas unpünktlich, nennen wir ihn Stephan

Spät. Proaktives Verhalten von Peter Pünktlich gegenüber Stephan wäre zum Beispiel, Stephan eine Stunde vor dem Treffen eine liebe Erinnerungs-SMS zu schreiben: »Hey Stephan, freu mich tierisch auf unser Treffen. Ich werde pünktlich um 11:00 beim Treffpunkt sein und freu mich, wenn ich nicht zu lange warten muss in der Kälte. Bis gleich, mein Guter!« Mit dieser Nachricht gibt er Stephan die Möglichkeit, seine Erwartungshaltung zu verstehen. Stephan Spät wird damit proaktiv sensibilisiert, Peters Erwartungen gerecht zu werden. Proaktiv wäre auch, wenn Peter sein Verhalten an das chronische Zuspätkommen seines Freundes anpassen und selbst später zum vereinbarten Treffpunkt kommen würde. Ebenso gut könnte Stephan sich einen Alarm stellen, da er sich bewusst ist, dass er bei Verabredungen grundsätzlich zu spät erscheint.

Im Gegensatz zu proaktivem Handeln steht reaktives Verhalten. Reaktives Verhalten in einer solchen Situation wäre zum Beispiel, wenn Stephan zu spät kommt und sich bei seiner Ankunft von Peter Folgendes anhören muss: »Mir war so klar, dass du zu spät kommst, ich hab hier total gefroren.« Wie man sich vorstellen kann, ist das kein idealer Einstieg für ein schönes Treffen unter Freunden und sorgt für beste Stimmung gleich zu Anfang.

Ein anderes Beispiel: Wenn wir uns über jemanden ärgern, dann können wir dies proaktiv ansprechen oder uns reaktiv verhalten und abwarten, bis derjenige es selbst bemerkt und uns anspricht. Solch reaktives Verhalten bringt uns allerdings in eine passive Rolle. Wir sind vom Handeln unseres

Gegenübers abhängig und erhöhen so die Wahrscheinlichkeit, dass wir eine Weile im eigenen Saft schmoren, bis der andere merkt, dass etwas nicht in Ordnung ist und uns auf die Sache anspricht.

Proaktives Handeln zielt also darauf ab, vorausschauend unangenehme Situationen zu vermeiden oder Konflikte aktiv zu lösen, anstatt darauf zu warten, dass die Dinge kompliziert werden und man am Ende nur noch reagiert. Proaktive Menschen sind erfolgreicher, weil sie Energie sparen, für gute Stimmung sorgen und ihren Mitmenschen helfen, nicht in Konflikte und unangenehme Situationen zu geraten. Dies gelingt ihnen, indem sie ihre eigenen Erwartungen transparent machen und damit ihren Mitmenschen eine faire Gelegenheit geben, sich darauf einzustellen.

Es ist besser, Verantwortung für uns selbst zu übernehmen und uns auch gedanklich dazu zu ermächtigen, dass wir durch proaktives Handeln Probleme rechtzeitig aus der Welt schaffen können. Das wird unser Gegenüber zu schätzen wissen. Er wird uns als eine Quelle zum Lernen wahrnehmen und als eine Person, die schöne statt unangenehme Momente kreiert. Das macht uns liebenswürdig, ohne unsere eigenen Erwartungen dafür aufgeben zu müssen.

Urteile nicht, sondern verstehe

Eine clevere Freundin von mir hat auf die Frage hin, was eine besondere Freundschaft für sie ausmache, geantwortet: »Ich brauche nicht zu überlegen, was ich sage, weil ich kein Urteil fürchten muss, sondern verstanden werde für das, was ich bin.« Diesen Satz dürfen wir nicht falsch verstehen. Es geht nicht darum, keine kritische Haltung oder andere Perspektiven in einer Freundschaft einnehmen zu dürfen, sondern es geht darum, dass wir den anderen nicht verurteilen oder ablehnen, weil er oder wir anders sind, anders denken oder anders handeln. Es ist wichtig, dass wir versuchen zu verstehen, warum der andere so handelt, wie er handelt, auch wenn dies nicht unseren eigenen Grundsätzen entspricht. Wir müssen Vertrauen haben. Es geht dabei auch darum, den anderen nicht unserer Vorstellung entsprechend ändern zu wollen. Das heißt auch, dass wir in der Lage sein müssen, unser narzisstisches Ego zu überwinden. Wir müssen uns eingestehen, dass unser Weg nicht der einzig richtige ist und auch unsere Überzeugungen sind nicht das Nonplusultra.

Wir müssen uns nur einmal überlegen, wovon wir zum Beispiel als 16-Jährige total überzeugt waren und wie wir die Dinge und die Welt heute sehen. Spielen wir dieses Gedankenspiel ehrlich durch, werden wir feststellen, dass Ansichten und Glaubenssätze sich ändern – und dass damit auch die Andersartigkeit unserer Freunde legitim ist. Auch sie verändern sich, vielleicht nur in eine andere Richtung als wir selbst.

Gerade die Menschen, die in der Lage sind, sich selbst kritisch zu betrachten beziehungsweise offen sind für Andersdenkende und Andersartige, sind diejenigen, die viel Liebe,

Aufmerksamkeit und Wertschätzung von anderen erhalten. Das ist so, weil sie eine Stütze sind für Menschen und anderen aufrichtig das Gefühl geben können, verstanden zu werden. Gleichzeitig sind es Menschen, die besonders glücklich sind, weil sie andere akzeptieren können und nicht krampfhaft versuchen, ihren Freunden ihre Meinung aufzuzwingen oder sie zu verändern.

Gönn deinen Mitmenschen ihr Glück
Schon als kleine Kinder lernen wir, dass ein Gummibärchen extra für den Bruder oder die Schwester ein Gummibärchen weniger für uns selbst bedeutet. Mama kauft nämlich nicht unbegrenzt Gummibärchen, daher werden die Süßigkeiten in einer solchen Situation zu einem beschränkten und heiß begehrten Gut. Ich kenne das aus eigener Erfahrung. Vor allem in unserer westlich geprägten Welt lernen wir, das Leben als ein Nullsummenspiel zu empfinden. Dabei gibt es viele Dinge in unserer Welt, die kein beschränktes Gut, sondern unendlich verfügbar sind. Liebe und Glück zum Beispiel. Daher gibt es überhaupt keinen Grund, missgünstig zu sein.

Neid ist der Wunsch einer Person, selbst über das zu verfügen, was ein anderer hat. Im Neid manifestieren sich unerfüllte Erwartungen, die uns durch die Realität eines Dritten bewusst werden, und uns unglücklich machen. Wir sind neidisch, weil jemand einen tollen Lebenspartner hat und wir nicht. Wir sind neidisch, weil jemand erfolgreich ist im Leben und wir nicht. Wir sind neidisch, weil jemand glücklich ist und wir gerade nicht.

Ich glaube, die wenigsten Menschen wollen neidisch sein. Es ist eher sogar so, dass wir uns schlecht fühlen, wenn wir uns dabei erwischen, jemandem etwas zu neiden. Neid ist ein schädliches Gefühl, weil es unsere Aufmerksamkeit auf die Analyse unserer Zustände statt auf die Veränderung lenkt. Statt darüber nachzudenken, wie gerne wir das hätten, was ein anderer hat, und dass unsere Realität nicht im Einklang mit unseren Erwartungen ist, sollten wir lieber unsere Energie darauf lenken, eine der drei Glücksstrategien umzusetzen und selbst damit glücklicher zu werden.

Wenn wir im Job nicht so erfolgreich sind wie andere, sollten wir überlegen, wie wir uns verbessern können. Dazu können wir uns Tipps von den Erfolgreichen holen, statt sie zu meiden oder ihnen ein schlechtes Gefühl zu geben. Wir könnten auch unsere Erwartungen anpassen und uns eingestehen, dass wir im Job gar nicht so erfolgreich sein wollen, dass wir zufrieden sind und unser Glück eben anders definieren. Dann können wir den anderen ihren Erfolg leichter gönnen.

Sei dankbar, erfolgreiche und glückliche Menschen in deinem Leben zu haben. Sie können dir als Inspiration dienen oder unterstützend zur Seite stehen. Oder sie helfen dir, für dich selbst herauszufinden, was du vom Leben erwartest. Missgunst und Neid sind verschwendete Energie. Mehr für andere bedeutet in den meisten Fällen nicht weniger für dich. Also gönn es ihnen und hilf anderen, ihr Leben zu meistern.

Lerne zu nehmen

Wenn wir von anderen geliebt werden wollen, dann müssen wir auch lernen, von anderen Menschen etwas anzunehmen. Den Erwartungen, die viele Menschen an sich selbst stellen, ist inhärent, anderen helfen zu wollen. Sie wollen helfen, um Anerkennung zu ernten und um ihr Selbstwertgefühl zu füttern, das heißt sich wichtig und gebraucht zu fühlen. Dass hilft ihnen wiederum, sich selbst zu lieben, und wer sich selbst liebt, kann auch andere besser lieben.

Wir neigen manchmal dazu, von Dritten keine Hilfe anzunehmen, weil wir uns sofort verpflichtet fühlen, etwas zurückgeben zu müssen. Ich glaube, dass es sich lohnt, dieses Muster aufzubrechen. Wir sollten offen und bereit sein, Dinge von Menschen anzunehmen, und die Angst davor ablegen, eventuell etwas zurückgeben zu müssen. Wichtig ist, dass wir, wenn wir von anderen etwas annehmen, das stets mit Anerkennung und Respekt tun, denn Hilfe zu erhalten ist nicht selbstverständlich. In intakten Beziehungen entsteht eine Balance hinsichtlich der Dinge, die man sich gegenseitig schenkt, seien es Zeit, Hilfestellung, Erlebnisse oder auch Materielles.

Ich habe für mich gelernt, Hilfe von anderen anzunehmen. Es ist für mich persönlich hilfreich, mich auch in die Verpflichtung zu bringen, etwas zurückzugeben. Geben macht mich glücklich und jedes Nehmen ist Ansporn und Anlass für mich, gleichzeitig auch mehr zu geben. So entsteht eine positiv Spirale, die auch uns als Gebenden etwas zurückgibt, nämlich die Anerkennung und Dankbarkeit anderer dafür, dass wir ihnen helfen. Die Welt wird ein besserer Ort für alle, wenn wir lernen zu nehmen und zu geben.

Geh stets vom Guten aus – oder frag nach

Ich bin überzeugt, dass es Menschen generell besser fühlen lässt, wenn sie darauf vertrauen können, dass ihr Gegenüber stets vom Guten bei ihnen ausgeht. Wenn uns jemand kurzfristig absagt, dann könnten wir demjenigen unterstellen, dass wir ihm egal sind und entsprechend patzig reagieren. Wir könnten aber auch vom Guten ausgehen und wohlwollend auf die Absage reagieren. Letzteres ist aus zwei Gründen die bessere Verhaltensweise:

1. Wir können nur spekulieren, warum im letzten Moment abgesagt wurde. Warum also lassen wir so negative Gedanken in unserem Kopfkino entstehen und setzen uns somit negativen Gefühlen aus? Es ist für unser Wohlbefinden viel besser, vom Guten ausgehen.

2. Eine patzige, negative Reaktion ist Stress für den anderen, weil derjenige nichts dafür kann, dass wir über mögliche Gründe für die Absage spekulieren und uns in negative Gefühle hineinsteigern, für die es in der Regel gar keinen Anlass gibt. Wenn wir unsere eigenen Emotionen zur sehr in die Verantwortung unserer Mitmenschen legen, dann ist dies für unsere Mitmenschen eine Belastung. Vor allem wenn wir überreagieren oder uns unangemessen verhalten. Meine Erfahrung ist, dass Menschen sich dann distanzieren, weil sie negative Emotionen nicht auf sich übertragen

bekommen möchten beziehungsweise es viel Energie kostet, sie wieder loszuwerden.

Wenn unsere Mitmenschen uns vertrauen, dass wir ihnen nichts Böses unterstellen und immer zuerst vom Guten ausgehen, dann werden sie uns dafür lieben. Wir belasten sie nicht unnötig mit negativen Emotionen, auf die sie wiederum reagieren müssen oder die sie ausbaden müssen. Im Gegenteil, wir machen ihr Leben mit positiven Auslegungen und Reaktionen sogar schöner und leichter.

Allerdings ist es durchaus legitim, nachzufragen und Sachverhalte zu klären. Wenn uns also jemand kurzfristig absagt und wir uns dadurch unwichtig und vernachlässigt fühlen, weil wir das Gefühl haben, der andere sagt aus niederen Gründen ab, dann könnten wir so reagieren: »Wie schade, dass es nicht klappt. Ich bin traurig, weil ich mich so auf dich gefreut habe. Warum klappt es denn nicht bei dir? Und wann können wir das Treffen nachholen?« Eine solche Antwort ist zugleich proaktiv und klärend und kann zu der Gewissheit führen, dass der andere aus nachvollziehbaren Gründen abgesagt hat und es daher gar keinen Grund gibt, sich schlecht zu fühlen. Sollte sich herausstellen, dass der andere aus unfairen oder nicht akzeptablen Gründen abgesagt hat, sind negative Emotionen völlig in Ordnung, weil sie eine wahre und klare Grundlage haben.

Wenn wir von anderen geliebt werden wollen, sollten wir vom Guten ausgehen, und wenn wir es genau wissen wollen und es

Anlass dazu gibt, an einer Sache zu zweifeln, sollten wir nachfragen und nicht vorschnell reagieren.

Sei ehrlich
Wenn wir Menschen belügen oder unehrlich sind, dann setzen wir unsere Beziehung mit ihnen aufs Spiel, denn Unehrlichkeit führt zu Vertrauensverlust und Vertrauen ist die Grundlage jeder guten Beziehung. Ich habe in vielen Beziehungen beobachtet, dass sich zwei Menschen belügen, manchmal wegen Kleinigkeiten. Dabei müssten wir gar nicht so viele Geheimnisse voreinander haben. Ich glaube, dass die meisten Menschen per se eigentlich ehrlich sein wollen und die wenigsten wirklich lügen oder unehrlich sein möchten. Warum aber tun wir es stellenweise dennoch? Was hält uns davon ab, ehrlich zu sein?

Die folgenden zwei Motive für Unehrlichkeit habe ich immer wieder beobachtet:

1. »Ich möchte mein Gegenüber nicht durch meine Ehrlichkeit verletzen.«

2. »Ich habe Angst, dass ich mein Gegenüber verliere, abgelehnt oder verurteilt werde, wenn ich zu ehrlich bin.«

Hinter beiden Motiven steht die Annahme, dass der Andere offenbar ein Problem mit meiner Ehrlichkeit und meinen Handlungen haben wird. Ich fürchte die Konsequenzen – sei es, dass mein Partner traurig ist oder sei es, dass Konsequenzen folgen, vor denen ich Angst habe wie Verurteilung oder Ablehnung. Ich glaube, wichtig in punkto Ehrlichkeit ist die Einsicht, dass meine Handlungen solche Gefühle auslösen und Konsequenzen haben können. Daher muss ich mir genau überlegen, was ich mache und wie ich mich in einer Beziehung verhalte. Gute Beziehungen stecken von Vornherein klare und transparente Regel ab. So wissen wir, ob wir richtig oder falsch handeln.

Wir Menschen sind aber nun einmal fehlbar und so passiert es, dass wir Regeln brechen und Fehler machen. Der eine mehr, der andere weniger. Verheimlichen wir Dinge dahingehend oder lügen wir unser Gegenüber an, dann ist das häufig viel schlimmer, als einfach zur eigenen Fehlbarkeit zu stehen und sie offen und transparent anzusprechen. Es ist der Kontroll und Vertrauensverlust des Belogenen der oft viel schmerzhafter ist, als unser eigentliches Fehlverhalten. Natürlich hängt das immer von der jeweiligen Situation ab. Gerade in Partnerschaften gibt es Vertrauensbrüche, die schwer ins Gewicht fallen und mitunter nicht mehr zu kitten sind. Ich denke da ans Fremdgehen, was für viele das Ende einer Beziehung bedeutet. Wir lügen über unseren Fehltritt, da wir die Reaktion unseres Partners und die Konsequenzen fürchten.

Darin begründet ist aber auch gleichzeitig ein wichtiger und bedeutender Umstand, der uns dabei hilft, andere Menschen dazu zu motivieren, möglichst ehrlich mit uns zu sein. Denn Ehrlichkeit ist etwas, was wir nicht nur fordern können, sondern etwas, das wir auch begünstigen können. Wenn ich meinem Partner das Gefühl gebe, dass er meine Reaktion nicht fürchten muss, dann wird es ihm leichter fallen, ehrlich zu sein. Wenn mein Partner weiß, dass seine Ehrlichkeit mich nur begrenzt verletzten kann und meine Reaktion darauf deutlich milder ausfällt, als wenn ich herausfinde, dass ich belogen wurde, dann motiviert ihn das, ehrlich zu mir zu sein und nicht zu lügen.

Ich habe meiner Mutter immer sehr ehrlich erzählt, wenn ich Fehler begangen habe oder Regeln gebrochen habe, die ich mit ihr vereinbart hatte. Statt an die Decke zu gehen und mich zu bestrafen, hat sie stets einfühlsam und klärend reagiert. Sie hat offen und ohne Vorwürfe darüber gesprochen, warum sie verletzt ist und dass eine Wiederholung möglicherweise unserer Beziehung schaden kann und Konsequenzen haben wird. Sie hat mir deutlich gemacht, dass ich verstehen muss, dass ich für meine Taten verantwortlich bin und Taten in einer Beziehung eben auch Folgen haben und beim Partner bestimmte Emotionen auslösen können. Weil meine Mutter so konstruktiv, aber dennoch grenzaufzeigend mit der Wahrheit umging, hatte ich anders als manche anderen Kinder in meinem Alter nie Angst, zu meiner Mutter ehrlich zu sein. Ich habe gelernt, dass ich fehlbar sein darf und gleichzeitig hat mich das motiviert, mich nicht fehlbar zu verhalten.

Menschen tendieren aber dazu, mit kleinen Lügen den Alltag einfacher für sich zu gestalten. Wenn wir wegen jeder kleinen Lüge sofort an die Decke gehen, dem anderen drohen und überreagieren, anstatt unsere Reaktion zu erklären und Grenzen abzustecken, dann brauchen wir uns auch nicht wundern, wenn weniger Menschen ehrlich zu uns sind. Gehen wir ehrlicher mit uns selbst und anderen um, dann werden wir mehr Ehrlichkeit erfahren.

Ehrlichkeit ist eine klare Bringschuld. Wir dürfen nicht unterschätzen: Unser eigener Umgang mit Ehrlichkeit, das heißt unsere Reaktion, wenn wir belogen werden bzw. wie ehrlich wir mit anderen umgehen, hat Einfluss darauf, wie viel wir im Leben belogen werden oder eben nicht. Schenke Menschen ausreichend Vertrauen, dass sie mit der Wahrheit umgehen können und fürchte nicht ihre Reaktionen. So wirst du selbst zu einem ehrlicheren Menschen mit besseren Beziehungen.

Lass Schwäche zu und entschuldige dich für Fehler

Ich beobachte viel zwischenmenschliche Ablehnung, weil Menschen daran scheitern, sich Schwächen einzugestehen oder sich zu entschuldigen. Dabei weckt eine ehrlich gemeinte Entschuldigung bei Dritten meist das Bestreben, verständnisvoll mit der Situation umzugehen. Alleine dafür lohnt es sich, sich und anderen gegenüber einzugestehen, nicht perfekt zu sein. Akzeptieren wir, nicht perfekt zu sein und von anderen lernen zu können, bringt uns das voran. Wir gehen unsere Schwächen proaktiv an, indem wir die Hilfsbereitschaft anderer akzeptieren. Gleichzeitig gibt es unseren Mitmenschen ein positives Gefühl, weil Helfen Freude bereitet und sie einen Beitrag zu unserer positiven Entwicklung haben kann. Wir müssen lernen, Fehler zu akzeptieren, auf die uns andere aufmerksam machen. Nur so entwickeln wir uns weiter und lernen dazu.

Verteidigen wir stattdessen unsere Fehler oder suchen wir nach Ausreden und Erklärungen, um andere für unsere Fehler verantwortlich zu machen, bringen wir unsere Mitmenschen dazu, das Vertrauen in uns zu verlieren. Wir nehmen ihnen auch das positive Gefühl, uns helfen zu wollen und zu können, was sie wiederum für ihre Selbstliebe benötigen.

Sei positiv
»Wie es in den Wald hineinschallt, so schallt es auch wieder heraus.« Dieses Sprichwort kennen wohl die meisten von uns. Wir haben im Leben immer die Wahl zu lächeln oder eine grimmige Miene zu ziehen, uns auf das Positive in einer Nachricht zu konzentrieren oder das Negative aufzusaugen. Wenn uns jemand anlächelt, dann können wir das dankend annehmen oder glauben, er meinte die Person neben uns. Wenn uns jemand ein Kompliment macht, dann können wir uns darüber freuen und es annehmen oder aber unserem Gegenüber unterstellen, dass er sich nur einschleimen oder uns manipulieren will.

Je positiver wir durchs Leben gehen, desto eher empfangen wir echte Liebe von unseren Mitmenschen. Es ist gerade diese positive Energie, die andere Menschen fasziniert, sich auf sie überträgt und positiv beeinflusst. Daraus entsteht eine positive Spirale, weil wir für Positives eben Positives zurückbekommen.

Schlusswort

Wenn es unsere Maxime ist, glücklicher zu leben, dann muss es unser Ziel sein, unsere Aufmerksamkeit, unsere Gedanken und unser Handeln im Alltag auf das zu richten, was uns glücklicher macht, also unsere Glückskonten durch die Einzahlung vieler Glücksmomente zu füllen. Das setzt voraus, dass wir uns ausreichend Raum im Alltag geben, um unsere Erwartungen durch Analyse und Reflexion greifbar zu machen und uns ihrer bewusst zu werden. Denn ohne klare Ziele und Erwartungen ist kein zielgerichtetes Management möglich. Dabei sind persönliche Ziele und Erwartungen nicht als etwas Statisches zu sehen, auch sie unterliegen steter Veränderung. Wer es schafft, seinen Erwartungen eine möglichst klare Definition zu geben, eröffnet sich einen Handlungsspielraum, um die Realität in Einklang mit diesen Erwartungen zu bringen. Sobald die Realität nicht im Einklang mit den eigenen Erwartungen steht, ist das ein Anlass zu handeln und Veränderungen einzuleiten. Dafür ist jeder selbst verantwortlich.

Wer den Managing-Happiness-Prozess verinnerlicht hat, ist mit einem wertvollen Rüstzeug ausgestattet, um sein Glück aktiv zu managen. Denk also immer an die vier essenziellen Schritte:

1. Sammle täglich Glücksdaten, um besser zu verstehen, was dich unglücklich und glücklich macht, und dokumentiere sie in deinen Glückskonten.

2. Nimm dir einmal im Quartal oder nach Bedarf Zeit zur entsprechenden Reflexion. Werte dabei deine Glücksdaten aus, definiere pro Glückskonto smarte Erwartungen und setze darauf aufbauend deine Prioritäten und Lebensziele.

3. Definiere pro Glückskonto die Strategie, mit der du Dinge verändern willst: Verändere deine Erwartungen, deine Realität oder deine Konstellation. Definiere Maßnahmen, um die gewünschte Veränderung herbeizuführen.

4. Sei mutig und diszipliniert, und eliminiere Ausreden, sodass du deine Maßnahmen auch in die Tat umsetzen kannst.

Auf das Glück! Rock on and be happy!

Die Managing-Happiness-App

Um den Managing-Happiness-Prozess zu vereinfachen, haben wir eine Smartphone-App entwickelt. Sie nennt sich »Happiness Manager«. Selbstverständlich funktioniert der Managing-Happiness-Prozess auch ohne App. Sie soll lediglich eine Hilfe für diejenigen sein, die ihr Lebensglück gerne digital managen möchten.

Mit nur einem Klick kannst du so zum Beispiel während der Kaffeepause oder abends vor dem Einschlafen Glücksdaten sammeln. Die Daten werden optimal angeordnet, um die regelmäßige Auswertung zu vereinfachen. Du kannst damit deine Glückskonten einrichten und auf Wunsch erinnert dich ein Alarm an die regelmäßige Reflexion. Folgende Dinge kannst du mit der App einfacher managen:

➤ Glücksdaten (Daten),

➤ Glückskonten (Struktur),

➤ Prioritäten (Bedeutung),

➤ Lebensziele (Meilensteine).

Die App gibt es für iPhone und Android und kostet eine kleine monatliche Gebühr – in etwa so viel wie guter Kaffee bei Starbucks.

Jetzt loslegen: www.managinghappiness.de

Danksagung

Ich bin an einem Fleck in Deutschland geboren, der unfassbar friedlich und frei ist. Frei von dem vielen Leid, das anderswo in der Welt herrscht und den Alltag der dort lebenden Menschen prägt. Diese Freiheit ist unendlich kostbar. Wir müssen sie erhalten! Das heißt, dass wir unser Potenzial erkennen, nutzen und erweitern sollten. Ich selbst habe alle Möglichkeiten in die Wiege gelegt bekommen, um zu tun, was ich will, und meine Wünsche in die Realität umzusetzen. Nur ab und an musste ich meine Erwartungen anpassen und unliebsame Steine aus dem Weg räumen. Dafür haben mir viele Menschen die nötige Kraft gegeben. Dieses Buch wäre niemals entstanden, wenn ich nicht die großartigsten Eltern, Lebenspartner, Geschwister, Freunde, Kollegen und Weggefährten gehabt hätte, die man sich überhaupt wünschen kann.

Ich möchte meinem Vater Walter und meiner Mutter Elfriede danken, die ihr Leben unserer Familie gewidmet und immer das getan haben, was sie für richtig und am besten für uns gemeinsam hielten. Eure Liebe hat mir viele Freiheiten geschenkt und meine Fähigkeit gestärkt, diese Liebe an andere weiterzugeben. Und doch denke ich manchmal, ihr seid ein unerreichbares Vorbild in so vielen Dingen.

Ich möchte Marko Jankovic, meinem Freund seit der ersten Klasse, danken. Nicht nur weil wir uns seither kennen, sondern weil du auch ein Freund erster Klasse bist. Du gibst mir spirituelle Kraft und durch deine Impulse und unsere Freundschaft hast du wohl den größten unmittelbaren Anteil an diesem Buch.

Ich möchte meiner Schwester Nadja danken. Es gibt Blutsverwandte und Seelenverwandte. In dir habe ich beides. Du warst loyal zu mir wie kaum ein anderer, in guten wie in schlechten Zeiten. Deine Ideen, deine Kritik, deine Euphorie, deine Analysen und vor allem dein Zuspruch und deine bedingungslose Liebenswürdigkeit mir gegenüber sind Motor für alles, was ich mache.

Danke Theresa Pitthan. Du warst immer ein unglaublich wichtiger Hafen in meinem Leben. Ich habe unfassbar viel von dir gelernt, wir haben uns stets wachsen lassen, du hast mir viel Liebe geschenkt und du hast mich selbst sein lassen. Du bist ein so wunderbarer Mensch der immer Teil meines Lebens und mir selbst sein wirst.

Ich möchte Marius Weber danken. Es bedarf im Grunde keiner Worte, um dir meine Wertschätzung auszusprechen. Wir klären das nonverbal. Was ich dennoch sagen möchte, ist, dass es keinen größeren Segen gibt, als Menschen an seiner Seite zu haben, von denen man sich blind verstanden fühlt, sachlich wie emotional. Danke für deine Kritik, dein Feedback, dein Gespür und deine wertvolle Meinung. »Mari, du bist 'n toller Mann!« ☺

Danke an Oliver Oster, meinen Partner und mein Vorbild. Du inspirierst mich immer wieder, Dinge zu tun, die ich nicht für möglich gehalten oder an die ich mich erst nicht herangetraut hätte. Danke für deinen Witz, deine Akzeptanz, deinen Fleiß und den Mut, den du ausstrahlst.

Danke dir, Tobias Johann, vor allem für deinen scharfen Verstand, für die etlichen Sparrings, wenn es mal nicht so gut lief, für deine Freundschaft und deine Neugier. Du treibst mich immer wieder zu wertvollen Dingen an.

Danke an Björn Winzer für die vielen Reisen. Ich hätte mir dafür keinen besseren Freund an meiner Seite wünschen können. Viele der Gedanken in diesem Buch sind unserer gemeinsamen Zeit entsprungen. Deine Ehrlichkeit, Offenheit und Impulse haben große Bedeutung für mich. Du bist selbst mein Vorbild für zahlreiche Gedankengänge in diesem Buch.

Danke an Eileen Reukauf. Ohne deine Unterstützung, dein Talent und deine Passion wäre dieses Buch nicht zu dem geworden was es ist. Ich weiß jede Minute Austausch und jeder Minute deiner Unterstützung ganz besonders zu schätzen. We made it!

Ein großes Dankeschön natürlich auch an den Redline Verlag, ganz besonders an die Redaktion und Michael Wurster. Danke für all die Hilfe und Unterstützung, es hat stets viel Freude und Laune gemacht.

Ich möchte den vielen Leuten auf meiner Reise und während meiner Zeit in Berlin und Hofheim danken, die mir offen und ehrlich geschildert haben, was für sie Glück bedeutet, die mir als Beispiel dienten oder wichtige Impulse gesetzt und Inspiration geliefert haben, unter anderem Phil Hartman, Robin von Hein, Kai Hansen, Honikel, Kreker, Nolti, Hess, Hannes, Frenko, Radic, Oliver Neumann, Christoph Gerber, Helga, Egon und Thomas Huhn, Julia und Alex Weltermann, Lawrence Leuschner, Oliver Mackovic, Tim Fronzek, Daniel Freudenberger, Britta Backhaus, Daniel Broda, Michael Broda, Nicole Junkermann, Moritz Claussen, Oliver Neumann, Biunca Perera, Roman Smigiel, Herbert Hellemann Holgiuen, Binne, Dominik Matyka, Marcel Hollerbach, Anna, Benjamin Pfeifer, Annelene Fischer, Gerald Blomeyer, Jörg Gerbig, Magdalena, Lukas und Horst Pitthan, Lisel Burisch, Laura Limberg, Ellen Ambros, Maren, Erbner, Stephan Heller, Stephan Ketter und vielen vielen mehr!

Über den Autor

Marcus Börner – Jahrgang 1985 – ist Studienabbrecher und hat im Alter von 18 Jahren sein erstes Unternehmen reBuy.com gegründet. Heute ist reBuy Deutschlands führender Online-Gebrauchtwarenhändler. Dazu hat Börner sich an rund zwei Dutzend Firmen aus diversen Branchen als Business Angel beteiligt.

Im September 2013 entschloss sich Börner zu einer einjährigen Weltreise aufzubrechen, um Menschen rund um die Welt über das Thema Glück zu interviewen. Diese Reise führte ihn in rund 20 Länder darunter Länder wie Nordkorea, Bhutan, Myanmar, Nepal, Thailand, Mongolei, Tansania, Kenia, Brasilien, Ecuador und Paraguay.

Marcus Börner lebt heute in Berlin und ist aktuell Gründer und CEO des Berliner Fintech-Unternehmen OptioPay, welches Auszahlungen für andere Unternehmen an Verbraucher abwickelt.

Schluss mit Prokrastination

Nie wieder Aufschieberitis!

Aufschieberitis oder Prokrastination ist in der heutigen hektischen Zeit ein weit verbreitetes Phänomen. Statt sich den anstehenden Aufgaben und Verpflichtungen zu widmen, werden diese beharrlich vor sich hergeschoben.

Schluss mit Prokrastination zeigt den Ausweg aus Demotivation, Frustration, Chaos und Stress. Das Buch erklärt, warum Aufgaben überhaupt aufgeschoben werden. Anhand von acht konkreten Instrumente kann jeder lernen, neue Gewohnheiten zu entwickeln, Aufgaben und Zeit besser zu organisieren und mit Rückschlägen umzugehen – und damit nachhaltig mit der Prokrastination Schluss zu machen.

272 Seiten
Klappenbroschur
14,99 € (D) | 15,50 € (A)
ISBN 978-3-86881-666-2

www.redline-verlag.de

REDLINE | VERLAG

Zusammen sind wir besser

Ein Plädoyer für mehr Zusammenhalt

Das Leben besteht aus einer Reihe Entscheidungen. Manche stellen sich dabei als gut heraus, andere dagegen nicht. Doch die wichtigste Entscheidung, die unser Wohlbefinden nachhaltig beeinflusst, ist: Treten wir dem Leben allein entgegen oder gemeinsam mit anderen?
Sineks liebevoll illustriertes Buch erzählt die Geschichte dreier Kinder, die sich auf eine Reise zu einem neuen Spielplatz begeben. Die Botschaft ist denkbar einfach: Menschliche Beziehungen sind das bedeutsamste für unser Leben. Je stärker unsere Beziehungen sind, desto stärker ist auch das Vertrauensverhältnis und die Zusammenarbeit – und desto mehr Erfolg und Erfüllung erfahren wir in unserer Arbeit und unserem Privatleben.

160 Seiten
Hardcover
12,99 € (D) | 13,40 € (A)
ISBN 978-3-86881-667-9

www.redline-verlag.de

REDLINE | VERLAG

Wenn Sie **Interesse** an
unseren Büchern haben,

z. B. als Geschenk für Ihre Kundenbindungsprojekte,
fordern Sie unsere attraktiven Sonderkonditionen an.
Weitere Informationen erhalten Sie von
unserem Vertriebsteam unter +49 89 651285-154
oder schreiben Sie uns per E-Mail an:
vertrieb@redline-verlag.de

REDLINE | VERLAG